めんどくさがり屋さん専用!

# 寝ながら1回30秒で痩せる ズボラストレッチ

漫画家
若林杏樹

ストレッチトレーナー
深井裕樹

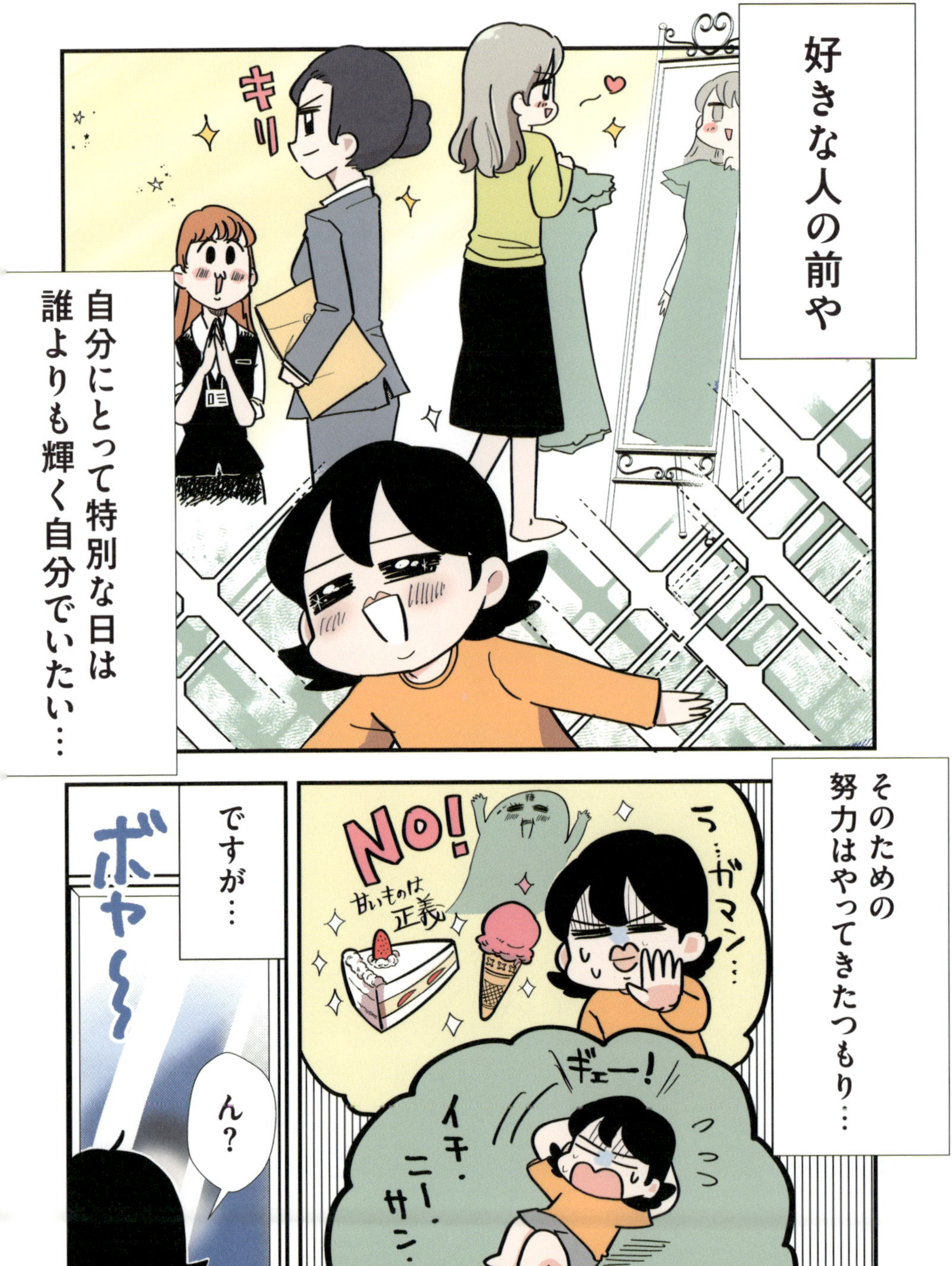
好きな人の前や
キリ
自分にとって特別な日は
誰よりも輝く自分でいたい…
そのための
努力はやってきたつもり…
う…ガマン…
NO!
甘いものは正義
ギュー!
イチ・ニー・サン…
ですが…
ボヤ〜
ん?

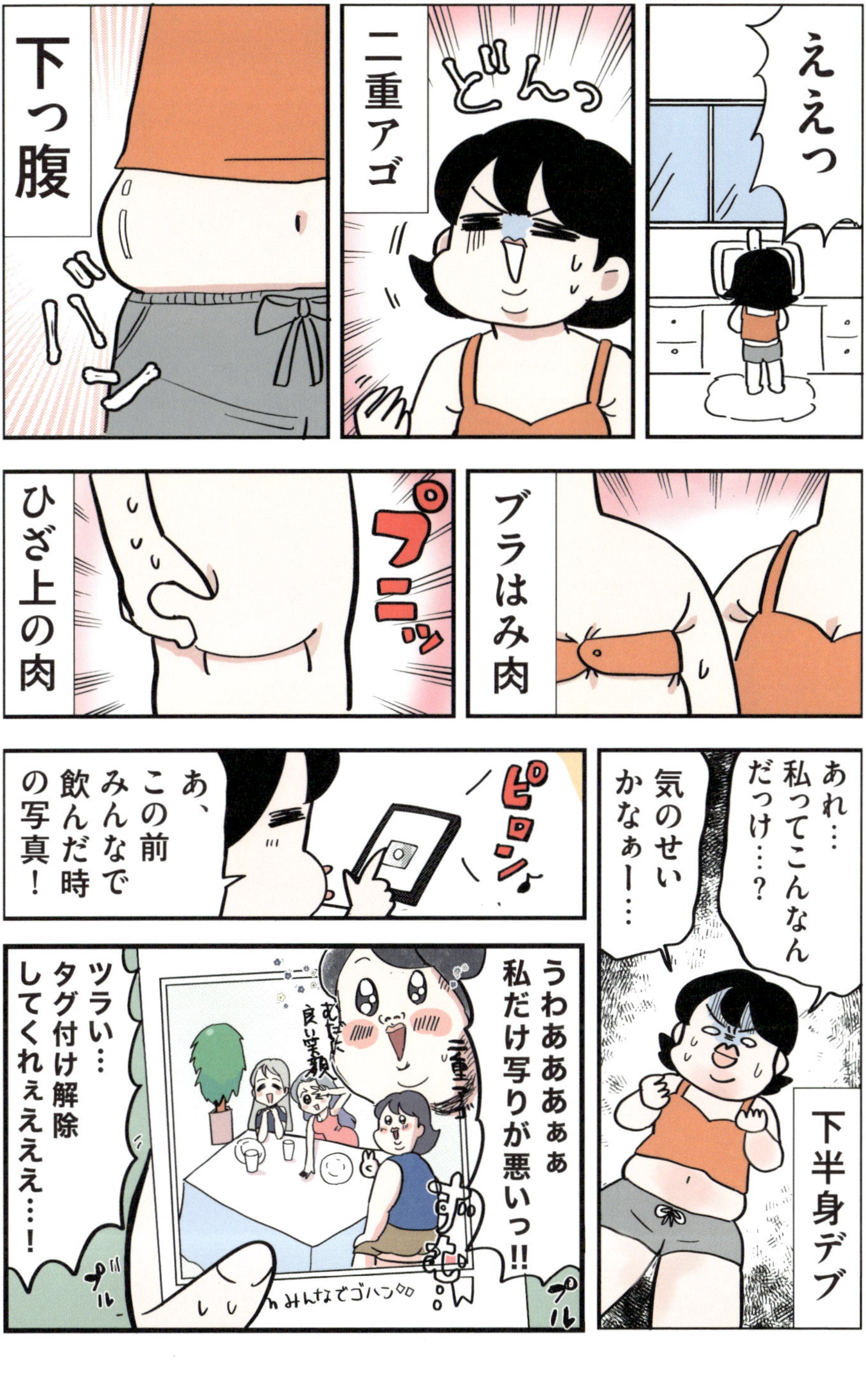
ええっ
どんっ
二重アゴ
下っ腹
ブラはみ肉
プニッ
ひざ上の肉
あれ…私ってこんなんだっけ…？
気のせいかなぁー…
下半身デブ
ピロン♪
あ、この前みんなで飲んだ時の写真！
うわあああぁぁ私だけ写りが悪いっ!!
良い笑顔
二重アゴ
みんなでゴハン
ツラい…タグ付け解除してくれぇえええ…！
プル
プル

ツラい…
中身は変わってないのに
外見は劣化していく。
まだ10代～♡
むにむにむにむに
ハアアアア…
……
私は35歳マンガ家
あんじゅ先生と申します
――今、
人生の美メーター
グググ
まさに今ッ!!
美のピークを過ぎ去ったことに
気づいてしまいましたぁ――!!
人生の美メーター
ギャイ～ン
バキッ
うわぁぁ
ぁぁぁ!!!

最近までは
大人になる自分を
受け入れていました
キャピ
キャピ
大人って
いいかも
キャーいいい
おちつき〜
しかしッ
ピー!ッ
夕食
抜いたのに
全然減ってないッ
身長は160cmですっ!
58.00
まったくと
言っていいほど
痩せにくくなりました
アレレ
おかし〜ぞ☆
20代の頃は…
夕食抜いたから
スッキリしてる〜♪
るん るん
だったのにっ
現在――
むしろ…
増えてる…むくみ？
どういうこと？
飯抜いても
カラダ
重い――!!!

下半身デブは10代からの悩みでした…
仕事がデスクワークのため年々悪化…
思えば今までいろんなダイエットをしてきました…
私のダイエット歴
・固形物を食べない
・糖質制限
・酵素ドリンク
・謎のサプリ
・高額エステ
●イザップ
米食え!!
エステ怖い…
10回分コース
矯正下着15万円也
痩せたくてあらゆるものにチャレンジしてきました…
まさに金ドブ。
なぜダイエットが続かないのか…?
それは楽しくないからッッッ!!!
あと…
今日はいっか〜♪
が続いて忘れてしまうから♡
もうダメなんだ…
私の美のピークは…
終わった
ちょっとまった――!!!

キラッ
えっ誰!?
スッ
パタッ
こんにちはーっ
いいですねーっ!
グッ
なにがいいんだよ!!こっちは立ち直れないんだよ!!
立ち上がらなくて大丈夫ですよ
がんばらなくていいんです!
ダイエットなんて寝ながらやればいいんですよ
なんにもやりたくない

なにぃ――!?
だって…
がんばるから大変だから続かないんです
やるぞ!
大変
やめようかな…
たしかに
今までどんなことやってたんですか?
食事制限やったりしたけど
2kg痩せて次の週にはリバウンドしたり…
●イザップ行ったり…
えーっ
あんじゅ先生ってドMなんですか?
ちがうもん!!
ボクは…
心から運動したくないんですよ…
曇《くも》りなきまなこ
はぁ…
申し遅れましたボクの名前は「深井《ふかい》」と申します
トレーナーですが疲れることが嫌いです!
ふわ~
疲れることが嫌い!?

YouTubeのチャンネル登録は1年で100万人…
がばっ
100万人!?
運動したくない気持ち…本当によくわかりますッ
なんにも
ボクもアンチ運動なんで!!
アンチ運動!?
そのふりそでの様な二の腕!!
鏡餅の様な下っ腹!
はうわあああ!!
長年の悩み…ゾウの様な下半身っ
その他気になるところ!!
1回で効果が出るズボラさん用ストレッチ教えますよ!
ドドン

パァーー
えっ？1回で？
はい！
寝たままで？
はい！
何やっても続かない痩せないダイエッター
VS
寝たままで1回で効果が出ると言う運動アンチトレーナー
ゴゴゴゴ
私は運動キライだし運動オンチですよ？
ああ！言い忘れてました！
バタバタ
ボクが教えるのはエクササイズじゃなくストレッチなんです！
ブー
ピンポン
ストレッチのほうが日々の生活に取り入れやすく習慣化できる！

寝たままできるズボラストレッチ…
どうですか？やってみます？
ピクッ
疲れなくてめんどくさくないストレッチならやりたい!!
太ももも細くなる!?
ザッ
はい！細くなるんでメジャーを用意するとわかりやすいですよ！
やったー！
聞こうっふかいさんの話を……!!
なんにもやりたくない
もしかしたら今の悩みと…
マジやってらんねー
昔からのコンプレックスが消えて…
現在の私
10代の私
私はずっとツラいの
人生最高の自分になれて
やるぞー
がんばりすぎはダメですよ！
キープできちゃうかも!?

# ゆるく痩せました！

## あすゆまさん（60代）

60代からでも、身体はこんなに変わる！　部分痩せのストレッチが習慣になり、
脚元が見えないくらい贅肉がついてしまっていたウエストも -15.5cm でスッキリ大変身！

やったズボラストレッチ

お腹痩せ・脚痩せ
その日の気分でチョイス

60代

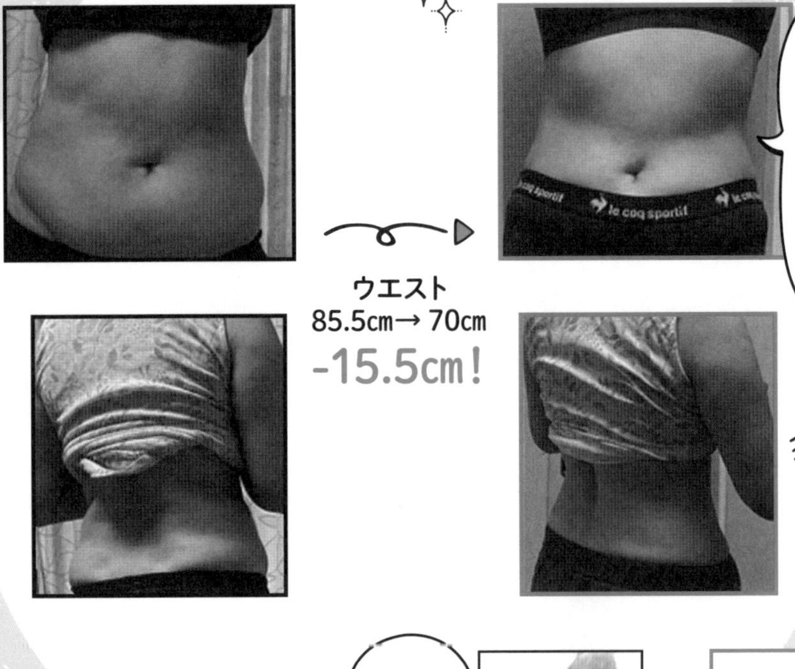
BEFORE
AFTER
柔軟性も上がり明らかに身体が変わった！

ウエスト
85.5cm→ 70cm
-15.5cm！

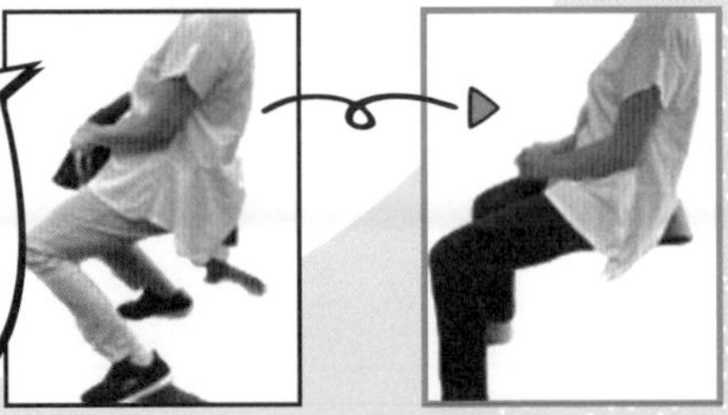
服を着ていてもこんなに印象は違う！

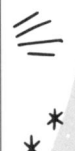

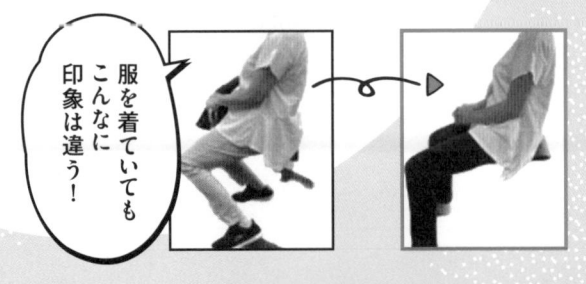

# ズボラストレッチで

## さりさん（40代）

数多くのダイエットを試してきた永遠のダイエッター。ズボラに-16kgもの減量に成功し、見た目も激変！　息子と街を歩いていると姉弟に間違われるようになったとか。

**40代**

**やったズボラストレッチ**

太もも痩せ・脚長など
お気に入りを何度もリピート

BEFORE

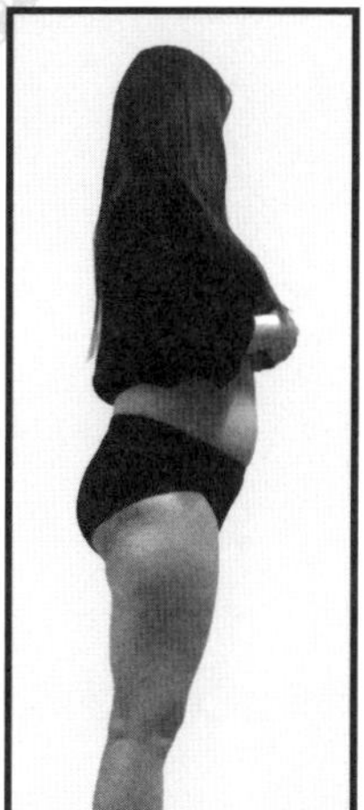

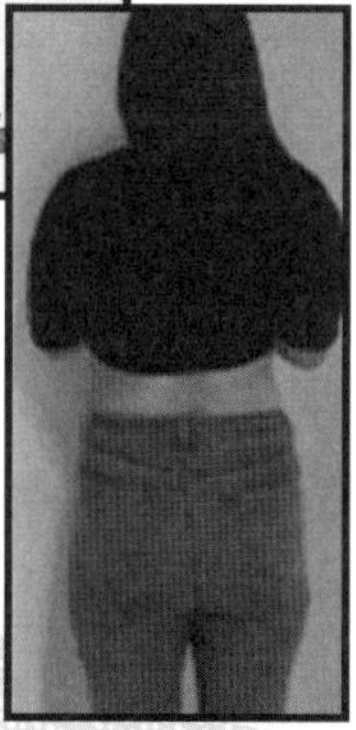

AFTER

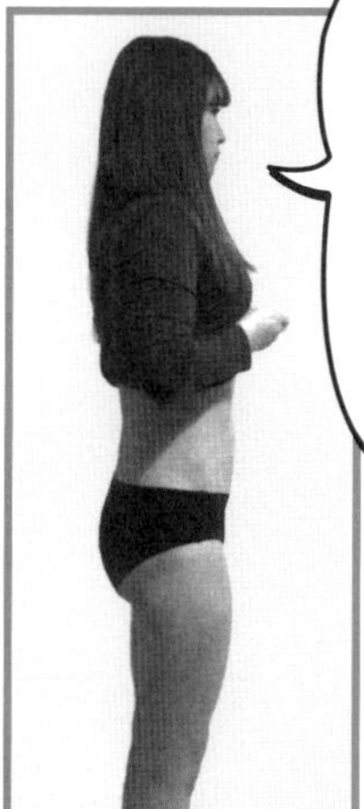

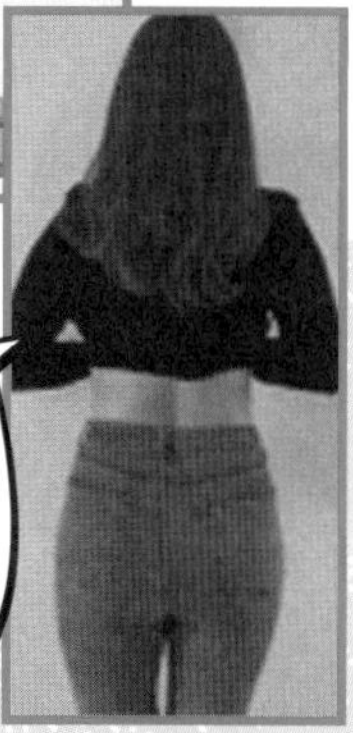

長く続けられたのは、ズボラストレッチだけ！

ウエスト
96cm→ 68cm
-28cm！

太もも
63cm→ 47cm
-16cm！

洋服のサイズも、LLからSに大幅ダウン！

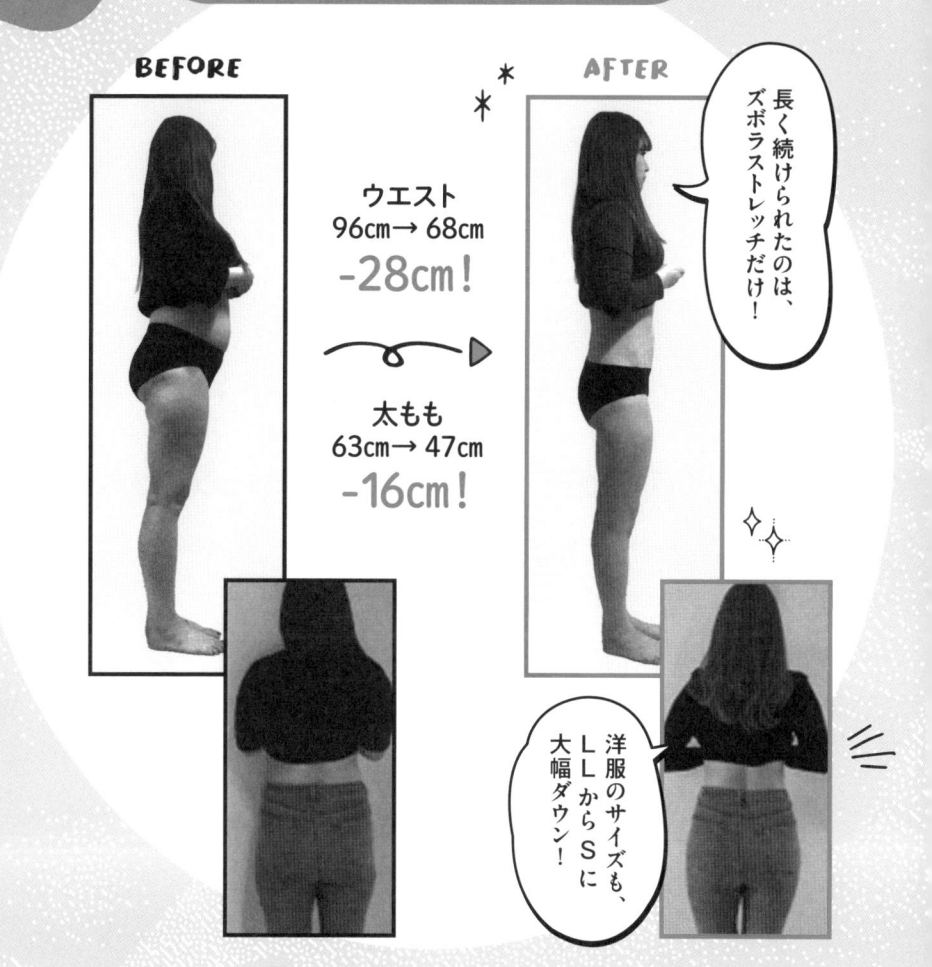

プロローグ 2
ズボラストレッチでゆるく痩せました！ 12
第1章 下半身太りの理由を知ろう 準備編 19
ズボラストレッチで見た目も若返った！ 29
トレーナー深井's コラム① 30
あんじゅ先生のズボラなつぶやき① 32
第2章 脚痩せストレッチをやってみよう 実践編 33
脚痩せストレッチ① 股関節回し 35
脚痩せストレッチ② ヒップリフト 37

トレーナー深井's コラム② 42
あんじゅ先生のズボラなつぶやき② 44

第3章 知らないうちに痩せてるズボラ習慣 45

トレーナー深井's コラム③ 56
あんじゅ先生のズボラなつぶやき③ 58

第4章 脂肪バイバイ お腹痩せストレッチ 初心者編 59

お腹痩せ筋トレ 脚上げ腹筋 63
お腹痩せストレッチ① 腹筋伸ばし 64
お腹痩せストレッチ② ヒザ付きプランク 66
お腹痩せストレッチ③ 腹斜筋伸ばし 67
お腹痩せストレッチ④ マウンテンクライマー 68
お腹痩せストレッチ⑤ 自転車こぎ 69

トレーナー深井's コラム④ 70
あんじゅ先生の ズボラ なつぶやき④ 72

第5章 もっとお腹痩せストレッチ パワー編 73
お腹痩せストレッチ パワー編① カエル脚上げ 80
お腹痩せストレッチ パワー編② ゆっくり脚パカ 81
トレーナー深井's コラム⑤ 83
あんじゅ先生の ズボラ なつぶやき⑤ 84

第6章 見逃しがちな二の腕痩せストレッチ 85
二の腕痩せストレッチ① 後ろ両肘パンチ 90
二の腕痩せストレッチ② 肩グルグル 91
二の腕痩せストレッチ③ 胸開きゆるめ 91

二の腕痩せストレッチ④ バンザイ上下 92
二の腕痩せストレッチ⑤ 広背筋伸ばし 92
二の腕痩せストレッチ⑥ 合掌腕伸ばし 93
二の腕痩せストレッチ⑦ 肘引っ張り 93
二の腕痩せストレッチ⑧ 真横パンチ 94
トレーナー深井's コラム⑥ 95
あんじゅ先生のズボラなつぶやき⑥ 96
第7章 後ろ姿も美しく お尻痩せストレッチ 97
お尻痩せストレッチ① 横ヒザパカ 101
お尻痩せストレッチ② お尻の筋肉伸ばし 102
トレーナー深井's コラム⑦ 105
あんじゅ先生のズボラなつぶやき⑦ 106

## 第8章 経験者は語る！ ズボラストレッチ効果


第8章 経験者は語る！ ズボラストレッチ効果 107
経験者さんオススメストレッチ① 開脚キープ 113
経験者さんオススメストレッチ② 太もも揺らし 114
経験者さんオススメストレッチ③ 股関節ねじり 115
経験者さんオススメストレッチ④ 股関節のカエル脚開閉 116
経験者さんオススメストレッチ⑤ ヒザ立て脚パカ 117
経験者さんオススメストレッチ⑥ 股関節のカエル脚開閉スーパー 118
トレーナー深井's コラム⑧ 121
あんじゅ先生のズボラなつぶやき⑧ 122
あとがき 123

ZUBORA STRETCH ZUBORA STRETCH

# 第1章

# 下半身太りの理由を知ろう

## 準備編

ZUBORA STRETCH ZUBORA STRETCH

吾輩は下半身デブである
ズーン
中学生の体操着でみんなとの脚の太さの違いに気づく…
ヤホー
えっ太さが違う…。
ズボンを履けば股ずれになる…
下半身デブメモ ズボンがこすれて穴があくぞ!!
プニ…
きゃー！また穴があいたっ股ずれだ…っ肉がはみ出る！
上半身は痩せても下半身は細くならない
顔は痩せたね…
もおおっ細くならないんだもんん
現在鬼デスクワークのため…
むくみ
冷え
トイレとゴミ捨てとコンビニしか立ち上がりまへん…
洋服は上半身Mサイズ下半身LLサイズと超アンバランス!!
いかがですかー
はけないっ
私の永遠の悩み下半身…!!
悩んで悩んで20年!!
どうずれば太もも痩せますか!?
あこがれの美脚
太ももの悩みって多いんですよね…

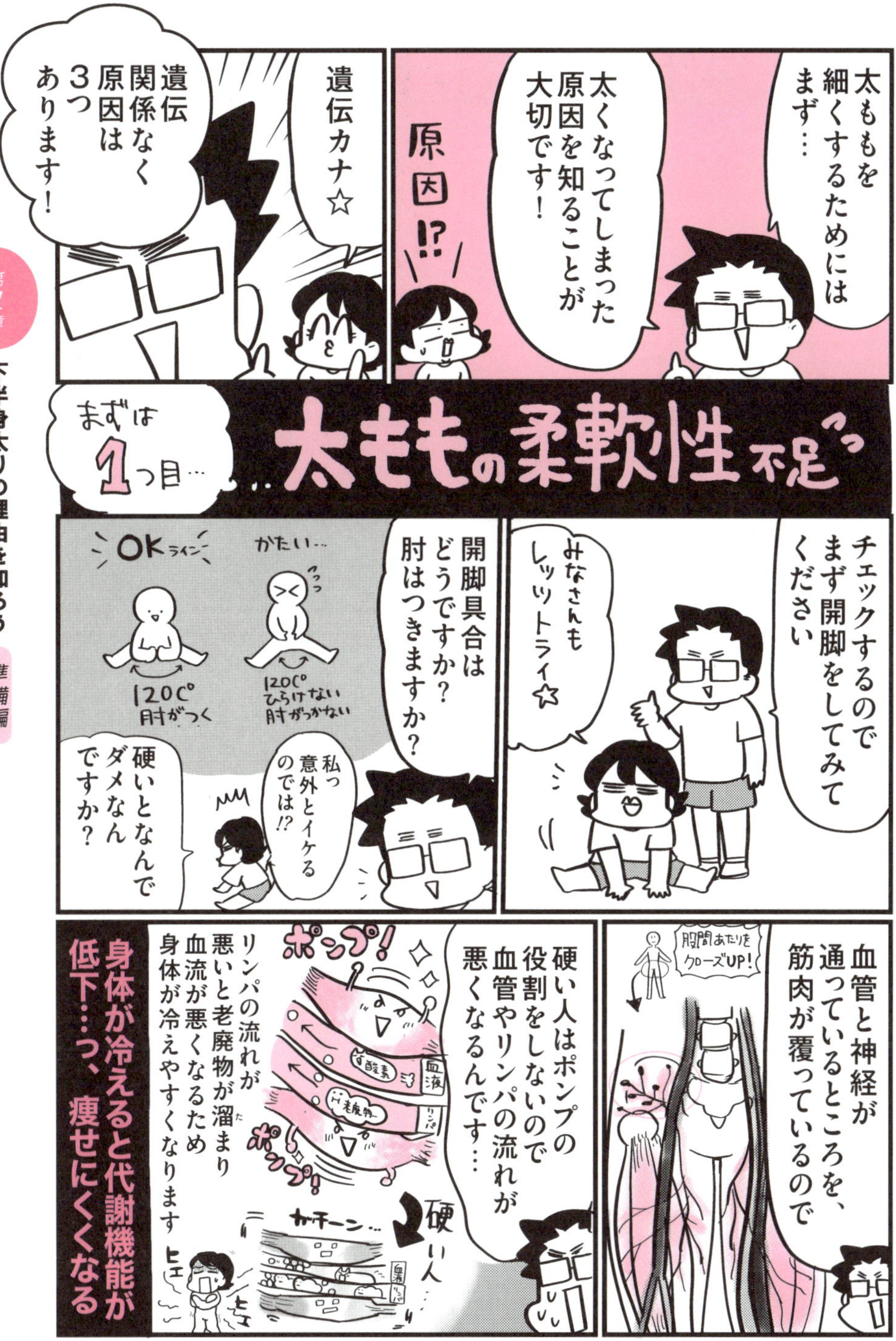

太ももを細くするためにはまず…
太くなってしまった原因を知ることが大切です!
原因!?
遺伝カナ☆
遺伝関係なく原因は3つあります!
まずは1つ目…
太ももの柔軟性不足っっ
チェックするのでまず開脚をしてみてください
みなさんもレッツトライ☆
開脚具合はどうですか?肘はつきますか?
OKライン
120℃ 肘がつく
かたい…
120℃ ひらけない 肘がつかない
私っ意外とイケるのでは!?
硬いとなんでダメなんですか?
血管と神経が通っているところを、筋肉が覆っているので
股間あたりをクローズUP!
硬い人はポンプの役割をしないので血管やリンパの流れが悪くなるんです…
ポンプ!
血液
リンパ
酸素
老廃物
硬い人…
ガチーン…
リンパの流れが悪いと老廃物が溜《た》まり血流が悪くなるため身体が冷えやすくなります
ヒエ
身体が冷えると代謝機能が低下…っ、痩せにくくなる

# お尻の柔軟性チェック

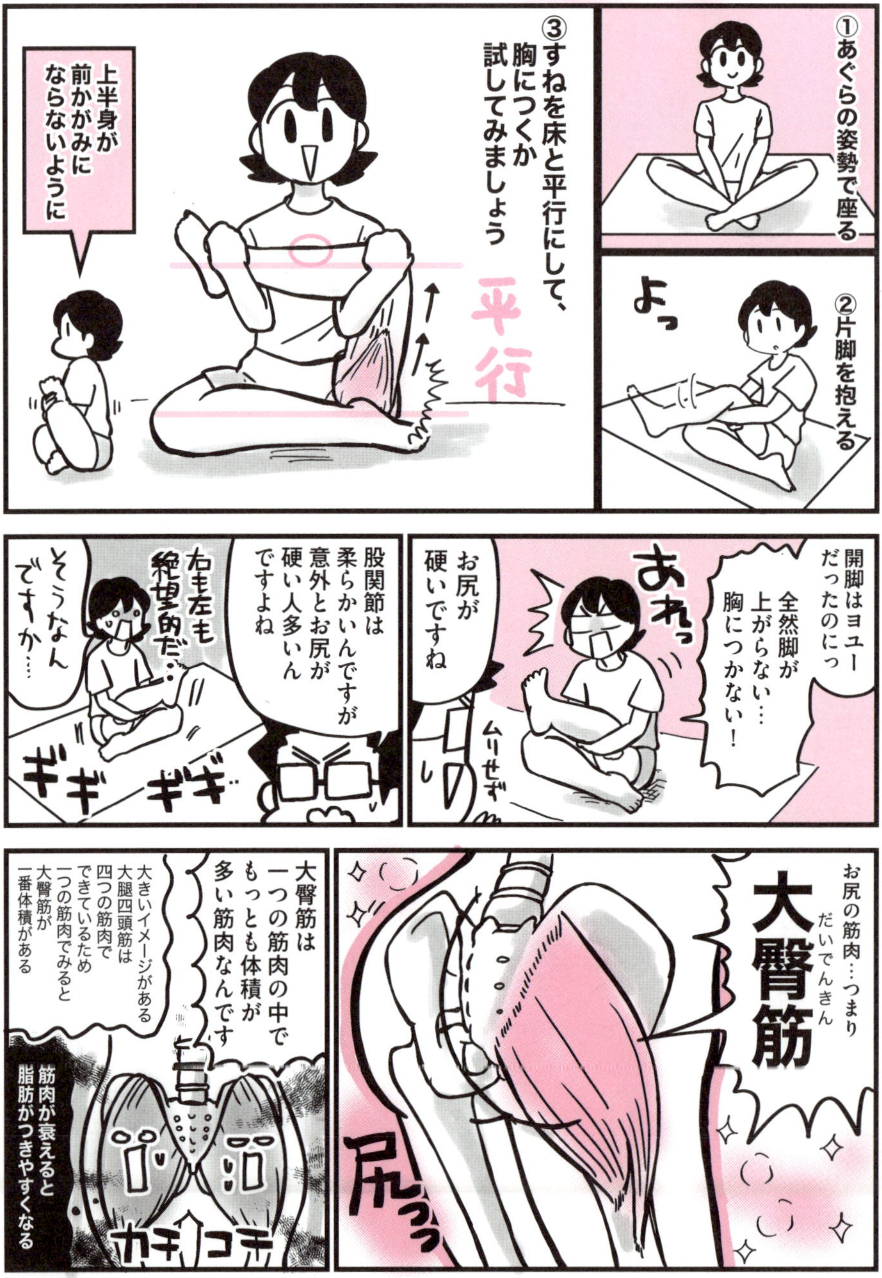
①あぐらの姿勢で座る
②片脚を抱える
よっ
③すねを床と平行にして、胸につくか試してみましょう
平行
上半身が前かがみにならないように
開脚はヨユーだったのにっ
全然脚が上がらない…胸につかない！
あれっ
お尻が硬いですね
ムリせず
股関節は柔らかいんですが意外とお尻が硬い人多いんですよね
右も左も絶望的だ…
そうなんですか…
ギギ
ギギ
お尻の筋肉…つまり
大臀筋《だいでんきん》
尻っっ
大臀筋は一つの筋肉の中でもっとも体積が多い筋肉なんです
大きいイメージがある大腿四頭筋は四つの筋肉でできているため一つの筋肉でみると大臀筋が一番体積がある
筋肉が衰えると脂肪がつきやすくなる
カチコチ

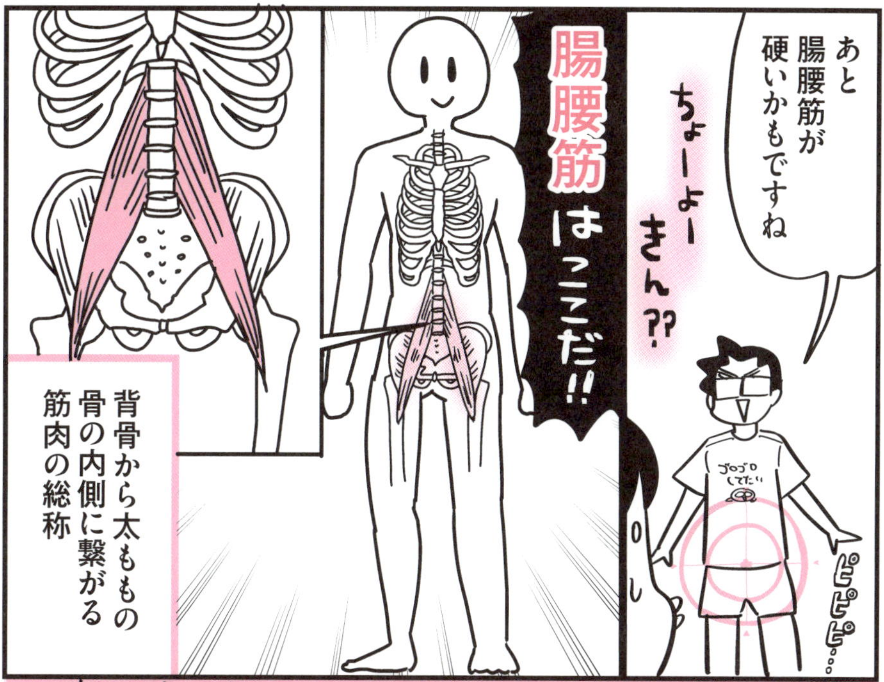
あと腸腰筋が硬いかもですね
ちょーよーきん??
ピピピピ…
腸腰筋はっここだ!!
背骨から太ももの骨の内側に繋がる筋肉の総称

# 腸腰筋《ちょうよう きん》の柔軟チェック！

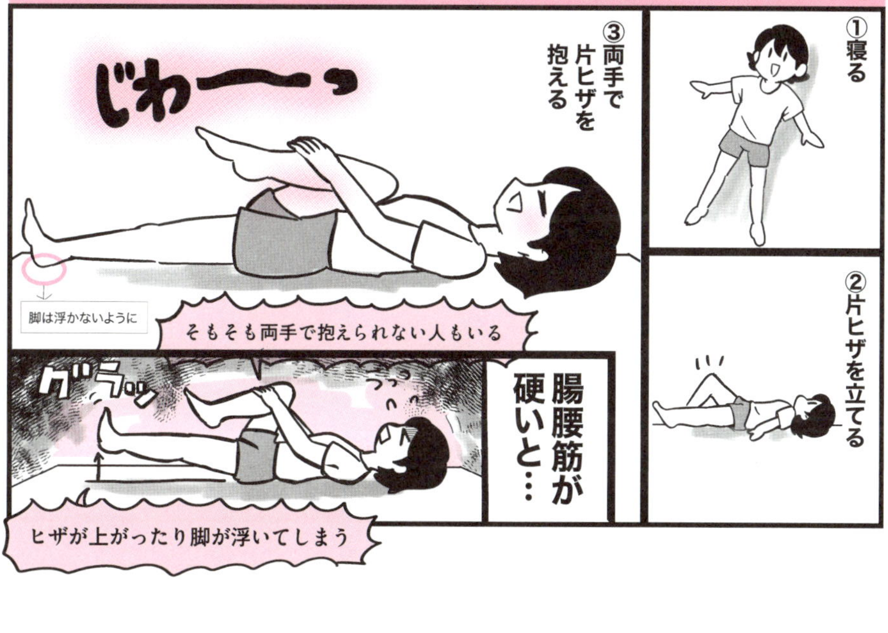
①寝る
②片ヒザを立てる
③両手で片ヒザを抱える
じわ〜〜っ
脚は浮かないように
そもそも両手で抱えられない人もいる
腸腰筋が硬いと…
グラッ
ヒザが上がったり脚が浮いてしまう

腸腰筋《ちょうようきん》のオススメストレッチ
①片ヒザを立てる
すーはー
足首は寝かせる
②胸を張り 体重を真下にかけながら ストレッチする
朝昼晩 2回ずつ 伸ばしましょう
すーはー
ぐぐ〜
じわ〜
ポイント
骨盤は真っ正面を向くように意識
はじめて こんなところ 伸ばしたかも!
これ きもち いい〜♡
普段あまり 意識しない場所ですよね ですから縮まったまま 硬くなりやすい 部分なんです
じわ〜
硬くなると…
反り腰になったり 腰に過度な 負担がかかる
ヌオ
ガキゴキ
気づいたら伸ばそ… 腸腰筋!
キャー
太ももが太くなる 原因 2つ目
太ももの筋力不足
太ももの努力が 不足してるかも しれませんね
ホッ
えー 筋力はある 気がするん だけどなぁ
筋肉を使わない ところに 脂肪がつくん ですよ?
ピシッ
ええっ

座ってみて脚を開いたほうがラクな方は内ももの筋力不足ですねぇ
プルプルプル
ラクです
ぱか
電車の中とか気をつけるけどさー
筋肉使えてないですねぇ
筋力がつくと基礎代謝も上がってきます！
息してるだけでえらい
息しているだけでカロリー消費UP！
息しているだけで良い！
ゴロゴロしながら鍛える方法を次の章以降でご紹介します！
ゴロリン
ズボラすぎる!!
太ももが太くなる原因3つ目
内ももの筋肉を使ってない!
開脚はベタッとつく
180度まではいかないけどまあまあいく
ぺたり
どちらかと言うと筋肉太りな気がするから筋肉はあるんですが…
…という方もいると思います
そんな方は…っ
そもそも筋肉を使ってないんです！
どゆこと？

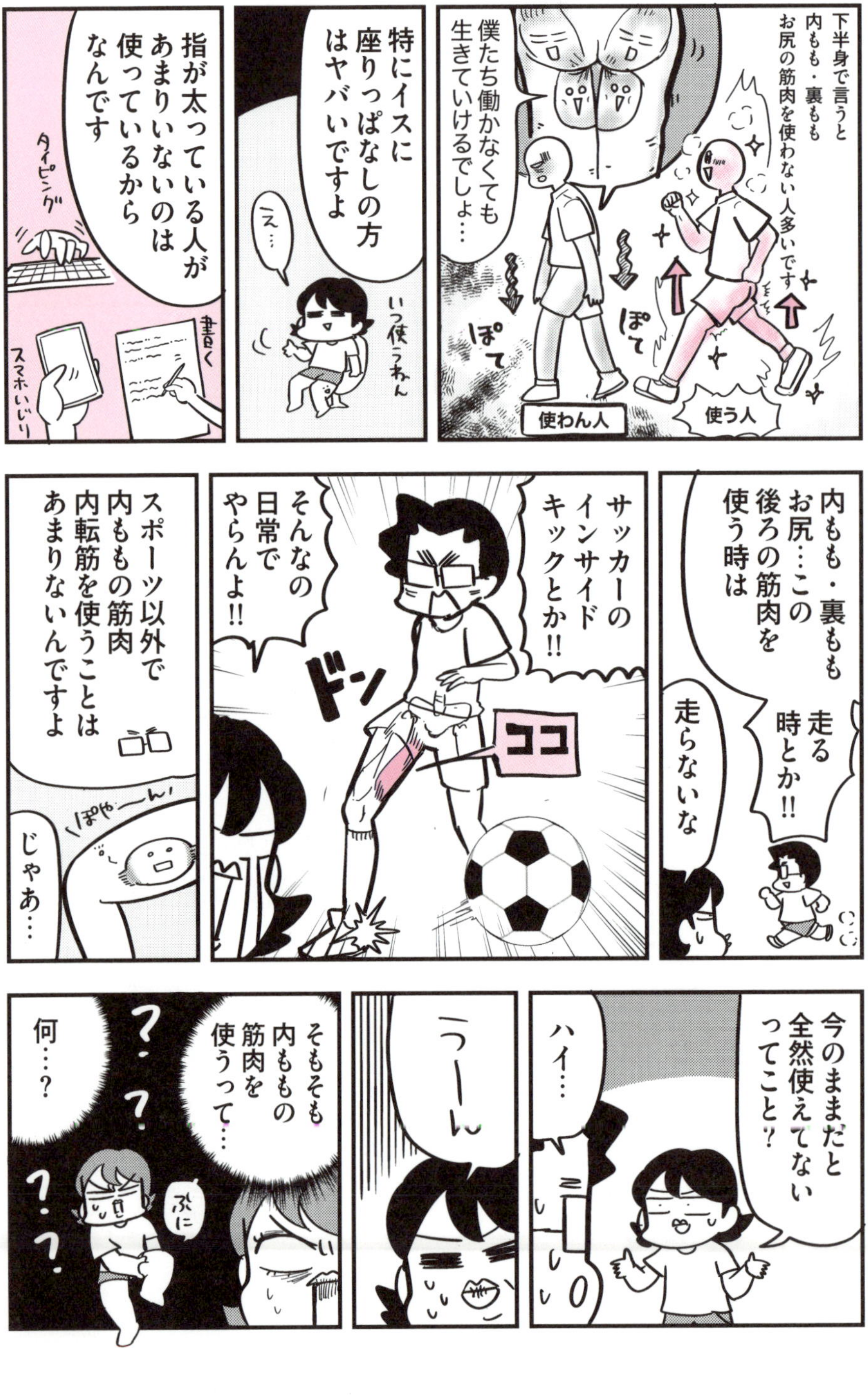
下半身で言うと
内もも・裏もも
お尻の筋肉を使わない人多いです
僕たち働かなくても生きていけるでしょ…
ぽて
ぽて
使わん人
使う人
特にイスに座りっぱなしの方はヤバいですよ
え…
いつ使うねん
指が太っている人があまりいないのは使っているからなんです
タイピング
書く
スマホいじり
内もも・裏もも
お尻…この後ろの筋肉を使う時は
走る時とか!!
走らないな
サッカーのインサイドキックとか!!
そんなの日常でやらんよ!!
ドン
ココ
スポーツ以外で内ももの内転筋を使うことはあまりないんですよ
ぽやーん
じゃあ…
今のままだと全然使えてないってこと!?
ハイ…
うーん
そもそも内ももの筋肉を使うって…
何…?
ぷに

このまま私は脂肪が溜まり続ける女として生きていく運命なのでしょうか？
はうう!?
そんなことないですよーっ
うっうっ
内ももの筋肉
こしから足
内ももを使うということは内転筋を使うことです
骨盤
股関節
内転筋
オホホホ
ヒザをつける時に使うのが内転筋っ
ピタリ
私だってイスに座ってる時ヒザつけれるもん！
ピタァッ
縮ませるだけではなく、伸ばすことが大事なので、意識的に鍛えるのはズボラな民にとってはかなり難しいんですよね
ズボラ〜
う〜ん
それでも…
3分後
だら…
あれえ？
内ももの筋肉は、日常生活で使われることは少なく、弱りやすいところです
ズボラ民でもできるストレッチ教えてくれるんでしょ!?
はい！

よしっ
では内ももの筋肉を使ったり
脚が細くなる
ストレッチをしましょう!
スッ
なんにもやりたくない
ありがとうございまーすっ!
フー
ゴロんちょ
な…
どうかしました?
こっちのセリフだよ!!
いつまでゴロゴロ寝てるん…
ムカムカ
寝ながらやります
寝ながらストレッチして太ももを細くします!!
これぞズボラストレッチ!!!
なにー――!?
なんにもやりたくない
つづく。

# ズボラストレッチで見た目も若返った!

パーソナルジム、糖質制限などさまざまなダイエットを試していた20代より、
30代の今のほうがずっと若くて表情も明るい!
毎日が「手抜き」なので、無理せずに理想体型をゲットです!

BEFORE

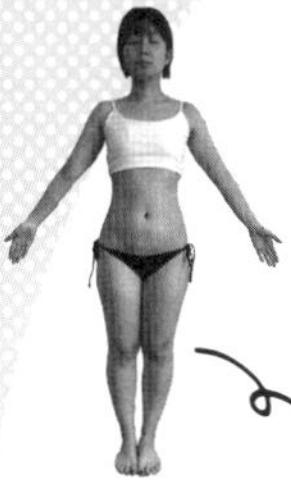

ダイエットして、痩せてはリバウンドを繰り返していた20代のころ

あんじゅ先生（30代）

AFTER

顔もひと回り小さくなって、胸鎖乳突筋もきれいに出てます

ズボラに続けて1年でこれだけ変わった! 腰の高さも上がり脚長に

| | | | |
|---|---|---|---|
| 体重 | 58kg | ▶▶▶ ??cm | （P108をチェック） |
| ウエスト | 82cm | ▶▶▶ ??cm | （P86をチェック） |
| 太もも | 50cm | ▶▶▶ 46cm | |

# 健康意識が高い人でも、たった5分の宿題ができない

僕はもともとストレッチの専門店で働いていました。そこにはさまざまな身体の不調を抱えた人々がやってきます。肩こり、腰痛、むくみ……。マッサージに行ってもあまり良くなった気がしない。やっぱり身体の硬さをどうにかしないと根本的な解決にならないのだと気づき、ストレッチ専門店の扉を叩きます。わざわざお金を払って自分の体質を変えようとする、かなり健康意識が高い人たちです。

ストレッチに通い出したことで、半年でウエストがマイナス15cmになった、健康診断の数値が良くなったというお客様もいました。実際には、ストレッチが直接的に内臓脂肪の数値に影響を与えることはありません。ただ、毎週お金を払ってストレッチに通っている方は、自然と健康に対する意識も上がっていきます。無意識に食生活を改善して、お酒やたばこを控えるようになったという人も多くいました。

そのお店では、パーソナルストレッチの後に、効果を長持ちさせるため自宅でできる簡単なセルフストレッチの方法を宿題として5分ほどかけて教えていました。「じゃあ次までに、自宅でこれをやっておいてくださいね」と、宿題を伝えるのですが、まぁ誰もやってこないわけです。

宿題を伝える時間はたった5分ですが週に1回通うお客様であれば、1カ月で20分もお客様の貴重な時間をいただくことになります。どうせ宿題をやってこないのであればその時間もお店でのストレッチに充てたほうがいいと思い、「自宅でやらないなら、やらないって言ってくださいね」と伝えてはいたのですが、みなさんそのときは「やります！」と言うんです。そして、翌週に「すみません、ちょっと忙しくて……」なんて気まずそうに報告をしてきます（笑）。

（普通に宿題を出しても、まずやってこないな）

ということがよく分かった僕は、できるだけハードルを下げたやり方を考えました。その一つが本書でもたくさん登場する「寝たまま」のストレッチです。

お風呂上がりにわざわざヨガマットを敷いてセルフストレッチをするのは、習慣になっていない人にはとても難しいことです。しかし、誰だって毎日ベッドやお布団に寝っころがる時間は必ずあります。そこでできる簡単なストレッチであれば、続けられるのではないかと考えたのが、ズボラストレッチの起源です。

寝たままのストレッチで効果はあるの？　と聞かれることも多いですが、あります！　難しいストレッチを学んで結局やらないことに比べたら、何十倍、何百倍もの効果があります！どんな素晴らしいストレッチも、やらなければ効果はゼロですよ。

でぶんじゅ先生
足が昔から太いため
ごん太系女子高生→
もう「ごん太」って言わないかも
足…太いからはやく走れるんじゃね!?
といじられた。
そんな訳なくね?
この足はね~
お前みたいな奴を
踏むためにある
ダイエットは自分との戦いである
他人は出てくるな!!

ZUBORA STRETCH ZUBORA STRETCH

# 第2章

# 脚痩せストレッチをやってみよう

## 実践編

ZUBORA STRETCH ZUBORA STRETCH

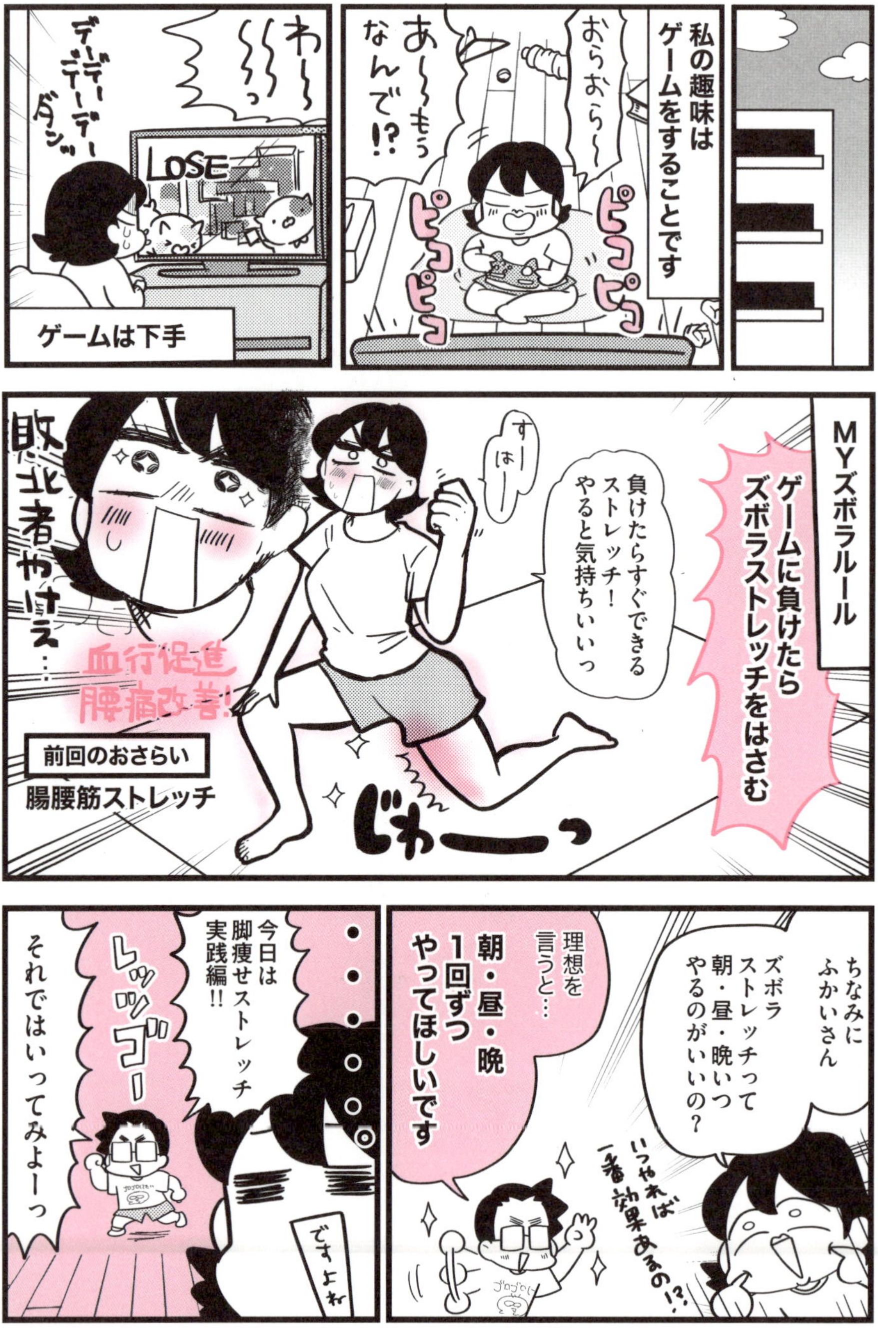

私の趣味はゲームをすることです
おらおら〜
あ〜〜もう なんで!?
ピコピコ
ピコピコ
わ〜〜〜〜〜っ
デーデーデーデーダンッ
LOSE
ゲームは下手
MYズボラルール
ゲームに負けたらズボラストレッチをはさむ
す〜 は〜
負けたらすぐできるストレッチ! やると気持ちいいっ
敗北者やけぇ…
血行促進 腰痛改善!
前回のおさらい
腸腰筋ストレッチ
じわーーっ
ちなみにふかいさん ズボラストレッチって朝・昼・晩いつやるのがいいの?
いつやれば一番効果あるの!?
理想を言うと…
朝・昼・晩 1回ずつやってほしいです
・・・・・・
ですよね
今日は脚痩せストレッチ実践編!!
レッツゴー
それではいってみよーっ

## 脚痩せストレッチ①

# 股関節回し

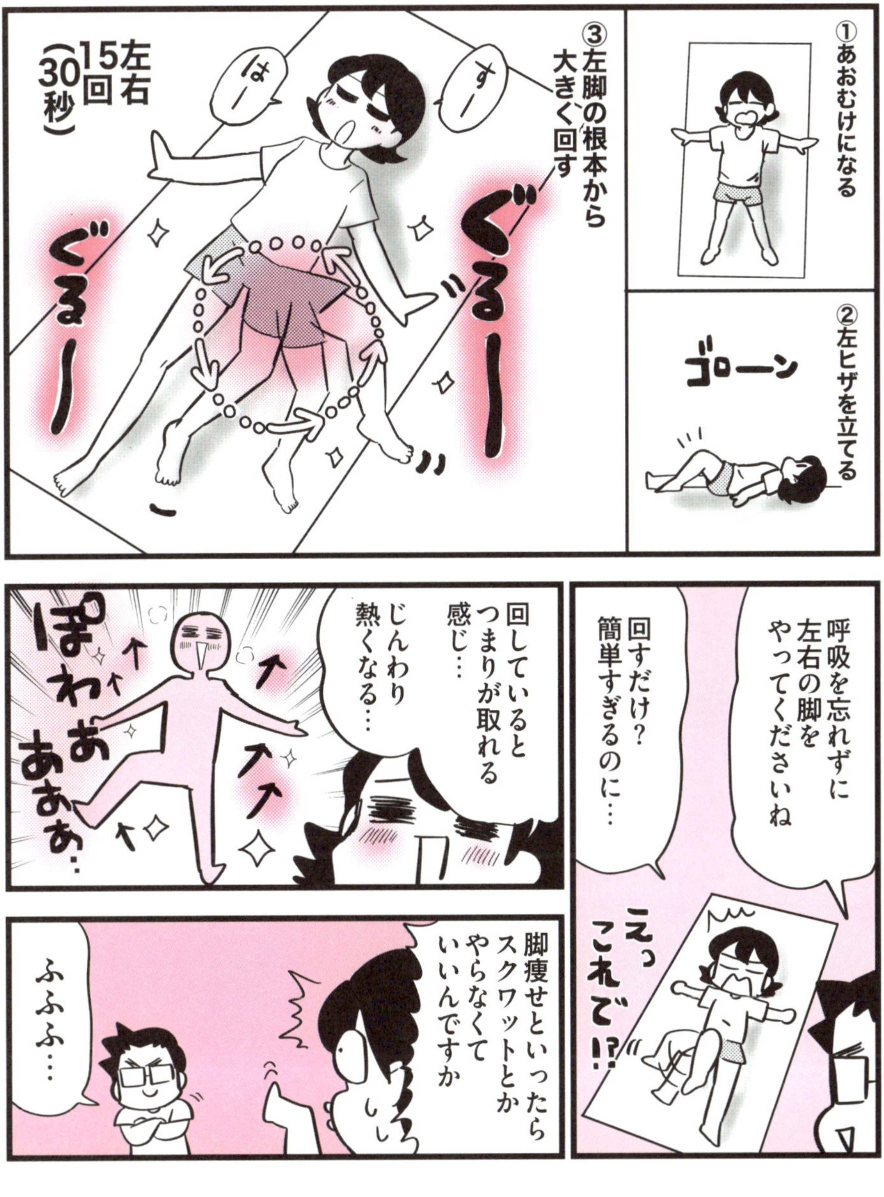

①あおむけになる
②左ヒザを立てる
ゴローン
③左脚の根本から大きく回す
すー
はー
左右15回（30秒）
ぐるーー
ぐるーー
呼吸を忘れずに左右の脚をやってくださいね
回すだけ？簡単すぎるのに…
えっこれで!?
回していると つまりが取れる感じ…
じんわり熱くなる…
ぽわああああ…
脚痩せといったらスクワットとかやらなくていいんですか
ふふふ…

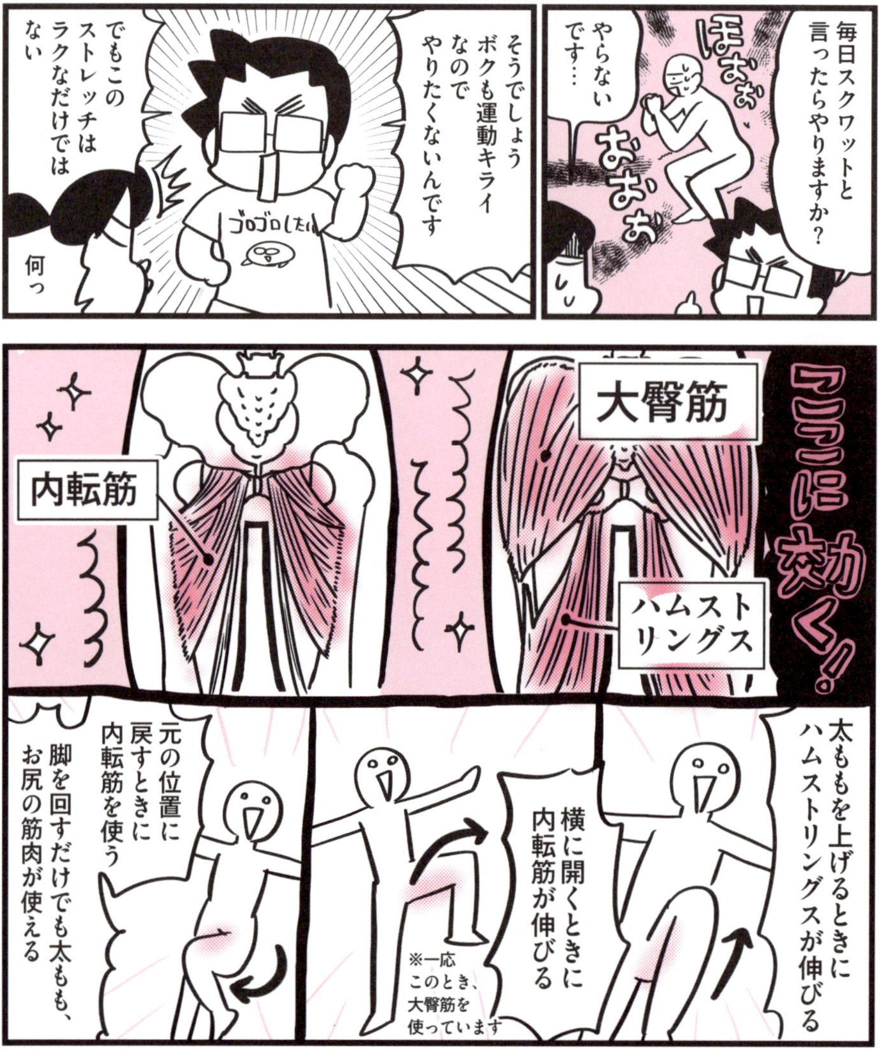
毎日スクワットと言ったらやりますか？
ほぉぉ
おぉぉ
やらないです…
そうでしょう ボクも運動キライなのでやりたくないんです
ゴロゴロしたい
でもこのストレッチはラクなだけではない
何っ
ココに効く!!
大臀筋
ハムストリングス
内転筋
太ももを上げるときにハムストリングスが伸びる
横に開くときに内転筋が伸びる
※一応 このとき、大臀筋を使っています
元の位置に戻すときに内転筋を使う
脚を回すだけでも太もも、お尻の筋肉が使える
いわばオールインワンストレッチなのです
たしかにホカホカだっ
なにッ めちゃくちゃお得なストレッチじゃん！

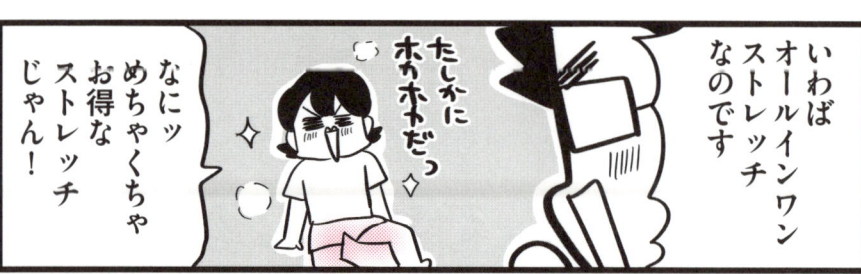

脚痩せストレッチ ②

# ヒップリフト

①あおむけになる
脚は肩幅くらいに広げておく
②両ヒザを立ててお尻を持ち上げる
1秒かけて持ち上げて、1秒かけてゆっくり下げる
15回（30秒）
ひざから肩まで一直線!!
すーはー
床から離さない
腰は反らないようにっ
お尻に力が入っている感覚がない方は…
練習あるのみ
お尻に力が入っているか？硬くなっているのかを触ってチェック
さわさわ
ポイント
お尻上げすぎで反り腰注意
枕があると首もラクになります
反り腰になる場合はお腹を意識!
グッ
すーはー
もっとがんばれる方は…ヒザ同士をくっつけてください
ぐっ
なっなにィ!?
内ももにも力を入れる
んぎゃーー！
キクゥーー!!!
大臀筋
内転筋
ハムストリングス
腰が痛い人はムリしないでください
ヒザをくっつければお尻・裏もも・内ももの筋肉に効いてお尻の境目ができますよ〜

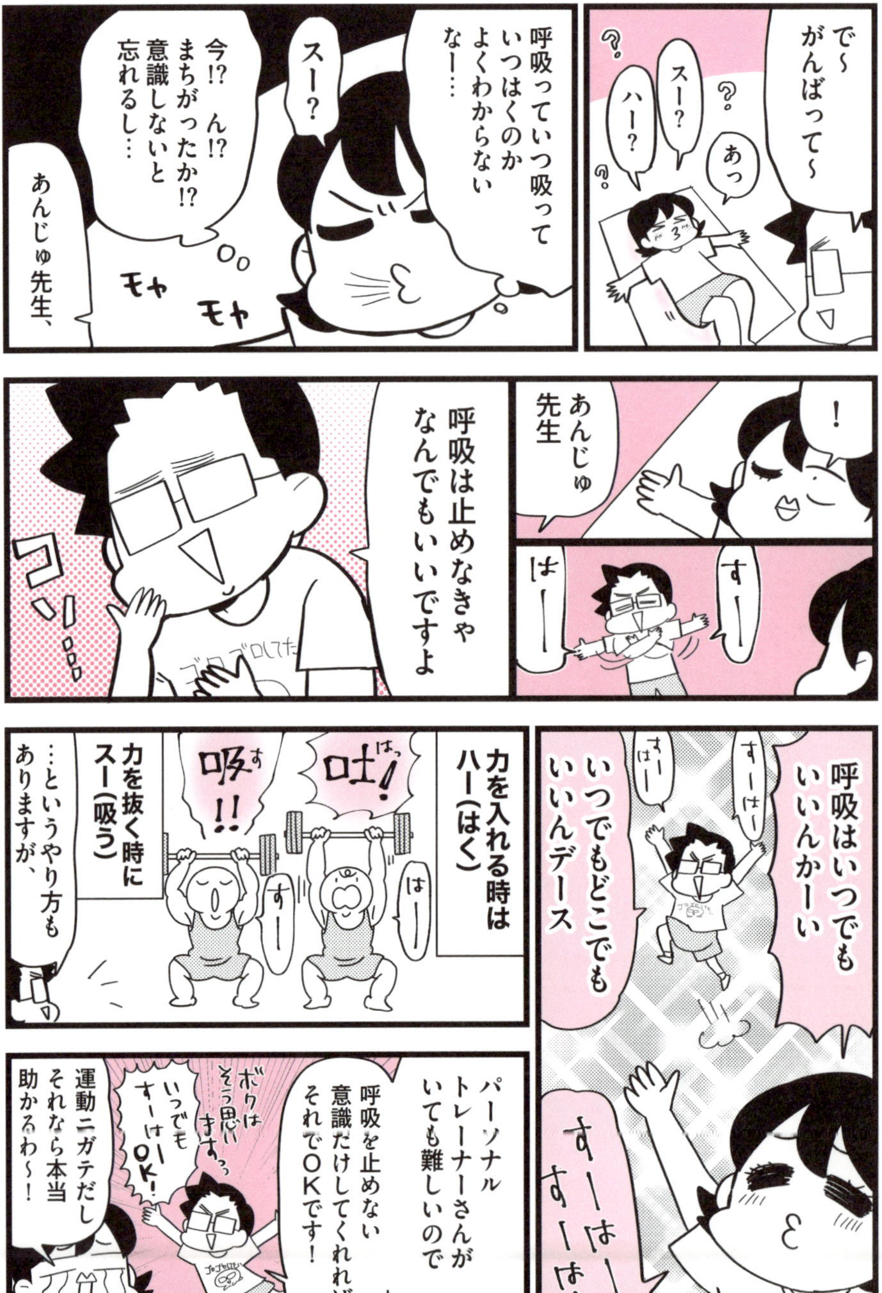

で〜がんばって〜
あっ
スー?
ハー?
呼吸っていつ吸っていつはくのかよくわからないなー…
スー?
今!? ん!? まちがったか!? 意識しないと忘れるし…
モャ
モャ
あんじゅ先生、
!
あんじゅ先生
すー
はー
呼吸は止めなきゃなんでもいいですよ
呼吸はいつでもいいんかーい
すーはー
すーはー
いつでもどこでもいいんデース
すーはー
すーはー
力を入れる時はハー(はく)
吐《はっ》!
吸《す》!!
はー
すー
力を抜く時にスー(吸う)
…というやり方もありますが、
パーソナルトレーナーさんがいても難しいので
呼吸を止めない意識だけしてくれればそれでOKです!
ボクはそう思いますっっ
いつでもすーはーOK!
運動ニガテだしそれなら本当助かるわ〜!

とある日
今日もやったぞ～
ごほうびは何にしようかな？
寝ながらできるからいいよねー
やっぱ甘いものがい～な～
プロテイン飲んでー
ガチャ
……。
ぐびっ
SUPERSTER COFFEE
季節限定だもんねッ 飲むしかないねッ♡
あま～いフラペチーノ飲んでますね～
!!!
ふかいさんっっ
いえーーい
私またごほうびチートデーを勝手につくってしまった…
ズーン
ドアーー
あんじゅ先生！
いいんですフラペチーノでいいんです
ズバッ
え!?

もしかしてフラペチーノにダイエット効果が!?
ナイ
ぴ。
運動を久々にやって甘いもの欲しくなっちゃったんでしょ!?
その貧弱な意志の弱さで本当にいいんですッ
なっ
全然良くないわーッ
もー
何しに来たんですかっ!!
フフフ…
今日はボクあんじゅ先生に質問しに来たんですよ
ダイエットのために一番大切なことは何だと思います?
え…
断食?
マラソン?
ガマンの心とか…?
ダイエットに必要なのは…
習慣化です
しゅ…習慣化…
ガタッ
そうです習慣化ですとにかく続けることが大事なんです
でもみんな最初しかがんばれない…
た…たしかに…
断食
パーソナルトレーニング
糖質オフ…
ボクが言いたいのはどんな頻度が少なくともどれだけ小さな動きでも…

続けられれば
いつかは痩せるということ…
週に1回でも
習慣化!
「週に1回でも習慣化」
なんです
ゴロゴロしてたい
フフ…
ふかいさん…
私、次こそ
痩せれそう
週に1回でも
習慣化
だもんね
おお
そうです
その自己肯定感
めちゃくちゃ
大切です
次は
ストレッチ以外の
痩せる習慣に
ついてお話しします
なんと
ストレッチの
10分の1の
力でできることです
ギン
習慣化
命!
10分の1
聞きた～いっ

## 僕ができない「呼吸」を、視聴者さんができるとは思えない

ストレッチやトレーニングにおいて「呼吸」はとても重要だと言われています。まず一般論の話をします。自律神経は、交感神経と副交感神経に分かれています。交感神経は活動するときに働き、副交感神経はリラックスするときに働きます。

ストレッチやトレーニングの場面では、交感神経が働くと筋肉が収縮し、副交感神経が働くと筋肉が緩みます。

そして呼吸は、この自律神経に大きく影響しています。息を吸うときには交感神経が働き、吐くときには副交感神経が働きます。つまり身体の動きに合わせて深い呼吸を繰り返すことで、交感神経と副交感神経の切り替えがスムーズに行われ、より深いストレッチができるようになるというわけです。

と、ここまでが理屈の話です。たしかに呼吸は大事です。でも身体を動かしながら呼吸まで意識するのってすごく難しいですよね。なので、僕は「呼吸は止めなければなんでもいい」と日ごろからお伝えしています。

以前、僕がヨガのグループレッスンを受けたときのことです。インストラクターの方が動きに合わせて呼吸も丁寧に指示してくれていました。ところが、僕はその通りに全然できないんです。ピラティスやパーソナルトレーニングの体験レッスンを受けてみたときも同様でした。目の前でインストラクターの方がレクチャーしてくれていても、動きに合わせて正しく呼吸をするのは、至難の業でした。

こうやってストレッチについて教えている僕でもできないんです。自宅でストレッチをしている視聴者さんたちが、僕の動画を見ながら完璧な呼吸をできるとは思えません。まずはできるところから、という意味で、酸欠にならないように呼吸は止めなければ良いとお伝えしています。

ストレッチをやっていると頭が痛くなるという方がいらっしゃいますが、それはおそらく呼吸が止まってしまい、酸欠状態になっているのだと思います。動いている、いないにかかわらず呼吸を止めれば誰だって苦しくなります。自然にリラックスした状態で行うのが理想的です。

もちろん、正しい呼吸が使えるのであればそれに越したことはありません。動きに慣れて余裕が出てきたら、少しずつ意識してみてください。

でぶんじゅ先生 vol.2
マンガ家をしています…
コマンド
起きる
▷マンガ描く
ゲームする
ゴハン食べる
ねる
ずっと家にいます。
ずーっと座っています…。
ずん
結果下っぱらが出る…
整体の先生に
生き物として太ももが圧迫されるしずっと座っているのはよくないです
と言われる始末。
最近は立って描いたり
どこかのなにかしらの筋をストレッチしています
あいやーー
30分に1回はイスから離れるようにしてます。
このマンガはこのポーズで描かれています。

# 第3章

# 知らないうちに痩せてるズボラ習慣

ZUBORA STRETCH ZUBORA STRETCH

とある朝
チュン
チュン
うお〜
伸びるぜ〜
すー
はー
脚の付け根を伸ばすストレッチ…
今までサボってた筋肉に効いている感じがするぜ…
うお――ッ
ばたん
ぐーる
すー
はー
ぐーる
ぱた…
ねみい
そんな時は――ッ
ガバッ
コカ・コーラ ゼロを起き抜け一気飲み!!
覚醒
COLA
華麗なるあんじゅ先生モーニングルーティン
〜完〜
良い子はマネしないでください

おはようございます
バン
今日も一緒にお仕事しましょ～♡
この人は後輩漫画家の若林アスカ(24)
説明しよう!
私のことが好きでペンネームも苗字も「若林」と名乗り始めたのだ…
ふたりでやるとはかどりますね～っ
そだね
そんで～こんなことがありまして～
うん…ん？
イスにあぐら座りーっ
どうしました？
!
アスカ氏痩せる座り方知ってる？
えっ痩せる座り方!?
自分が思う姿勢がいい座り方してみて!
ハイ!こうですね
しゃんっ
片脚ずつヒザを上げることできる？
できますよ!
ヨユ～
ひょいっ
どっちもいけます!
おお～

上がる人はダメな座り方らしい
ダメだそれは
ちょっ!!
今の聞き方正解のほうだったじゃないですか!
ドヤ顔で上げちゃいましたよ!!
ガッ
あははは
痩せる座り方
どうすればいいの〜?
はっはっはっ
ふかいさん教えてくださーい!
はーい
骨盤を立たせるのが良い姿勢なんだけど
骨盤を立たせるってわかんないじゃん
痩せるっっ
S字カーブ
お腹も少し力を入れる
ぐっ
ピタッ
垂直ッ
立っている骨盤さん
座った時にお尻から立てるようにして脚が上がらず、
地面をしっかり踏めていたらOKだよ
痩せない…
猫背っっっ
フゥ…
ポコッ
骨盤を立たせないと
ぽっこりお腹の原因に
イヤーーッ
そして…冷えやむくみの原因にも…
おっと〜
立ってない骨盤さん
うしろに傾く…
みなさんもチェックしてみてね
なるほど〜

骨盤を立たせるってそういうことか!
ビシィ
グッ
すごい座りやすくなった!
本当に座りやすい! ぜひやってみてください
でしょ〜
ちなみに骨盤が寝たまま むりやり背筋を伸ばすと…
反《そ》り腰《ごし》に!
ぱっと見、綺麗に見えるけど腰に負担がかかってしまうんです
腰痛…そして ギックリ腰の原因にもなります
胸張りすぎ
前傾しすぎ
ヒエ… ギックリ腰怖い〜!
痩せる立ち方
ちなみに痩せる立ち方もある!!
ばっっ
ばばっ
教えてください!!
ステップ1
まずはお尻にグッと力を入れる
尻!
グッ
骨盤を垂直に立てるぜっ
ステップ2
できる人は下っ腹にも力を入れるとより良い!!
腹
グッ
グッ
尻っ
ハッ
座っている時と同様に骨盤を立てるとインナーマッスルに力が入るよ!

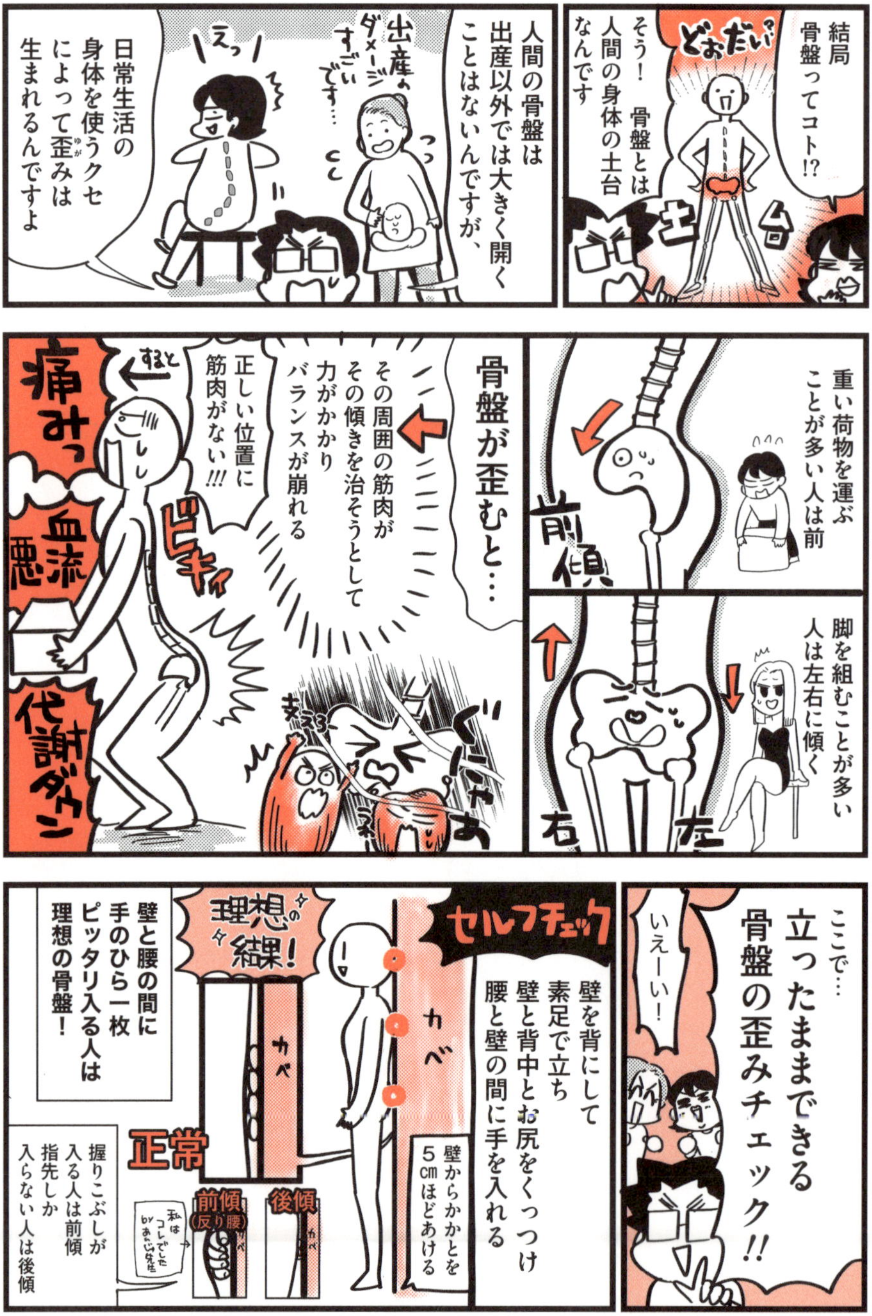
結局骨盤ってコト!?
どぉだい?
そう! 骨盤とは人間の身体の土台なんです
土台
人間の骨盤は出産以外では大きく開くことはないんですが、
出産のダメージすごいです…
えっ
日常生活の身体を使うクセによって歪《ゆが》みは生まれるんですよ
重い荷物を運ぶことが多い人は前
前傾
脚を組むことが多い人は左右に傾く
右
左
骨盤が歪むと…
その周囲の筋肉がその傾きを治そうとして力がかかりバランスが崩れる
正しい位置に筋肉がない!!!
ぐにゃあ
すると
痛みっ
血流悪
ビキィ
代謝ダウン
ここで… 立ったままできる骨盤の歪みチェック!!
いえーい!
セルフチェック
壁を背にして素足で立ち壁と背中とお尻をくっつけ腰と壁の間に手を入れる
壁からかかとを5cmほどあける
カベ
理想の結果!
壁と腰の間に手のひら一枚ピッタリ入る人は理想の骨盤!
正常
後傾
前傾(反り腰)
私はコレでした byあらい先生
握りこぶしが入る人は前傾 指先しか入らない人は後傾

セルフチェックして自分のクセを理解すると綺麗に立てるようになる
カベ
前傾
改善
グッ
グッ
スラッ
おおぉ…姿勢良い〜
これを意識してたらお通じが良くなった気がする…
WC
やぁ
フフ…
いいですね〜
※個人の感想です。いい感じに身体が使えてるってことなのですかね〜
痩せる座り方と立ち方これからやってみます
スラララッ
正しい姿勢をするだけで見た目が良くなるもんね!
Good!
作業再開〜♡
あ、もうこんな時間か〜
すまん私、オンラインで会議あるわ
あ、いいっすよ〜
7月目標
おかし食べすぎてごはん食べれなくなるのやめる!
あーでこーで…
スッ
!
くるり

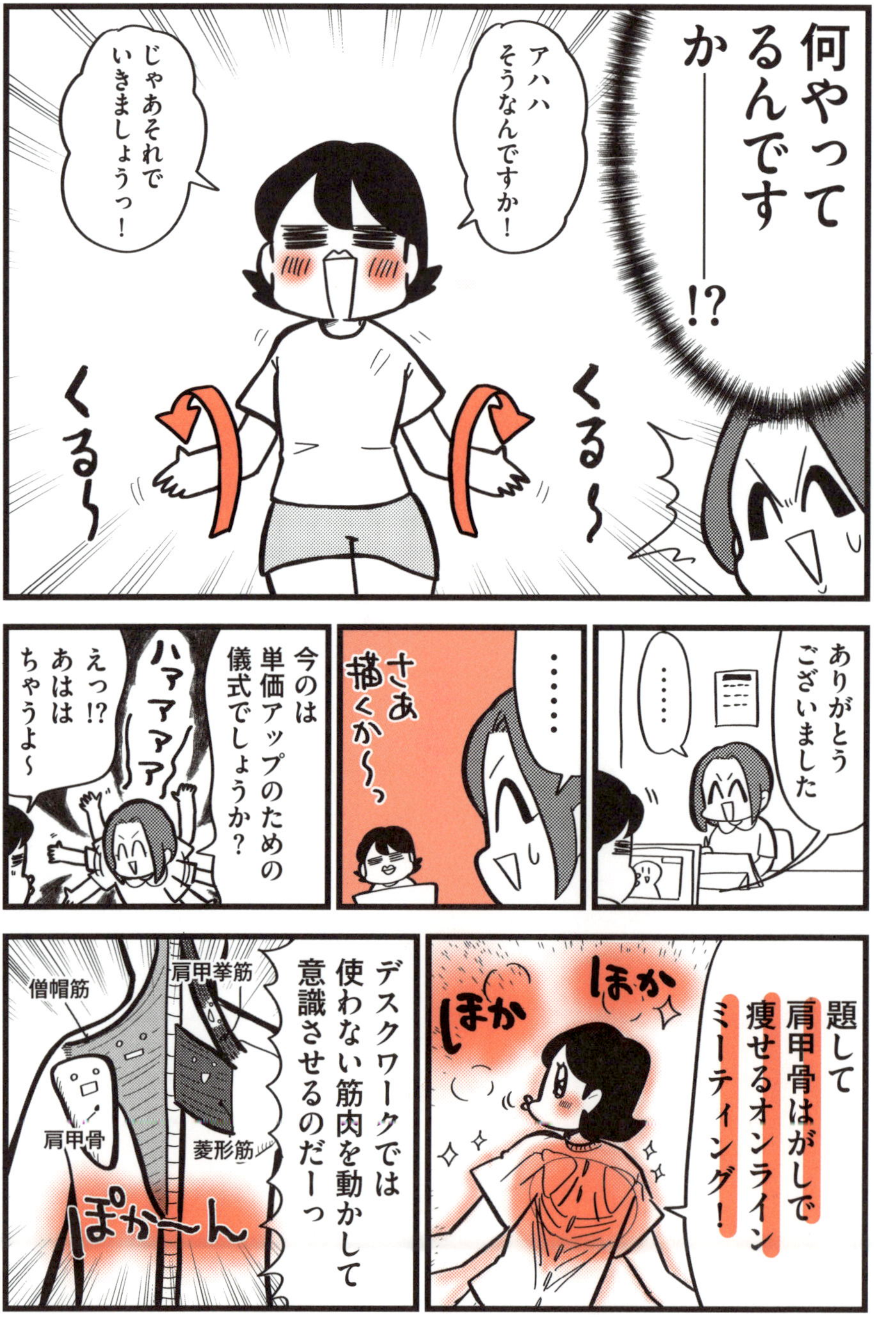
何やってるんですか――――!?
アハハ そうなんですか!
じゃあそれで いきましょうっ!
くる～
くる～
ありがとうございました
……
……
さあ描くか～っ
今のは単価アップのための儀式でしょうか?
ハアアアア
えっ!? あはは ちゃうよ～
題して 肩甲骨はがしで痩せるオンラインミーティング!
ほか
ほか
デスクワークでは使わない筋肉を動かして意識させるのだーっ
肩甲挙筋
僧帽筋
肩甲骨
菱形筋
ぽか～ん

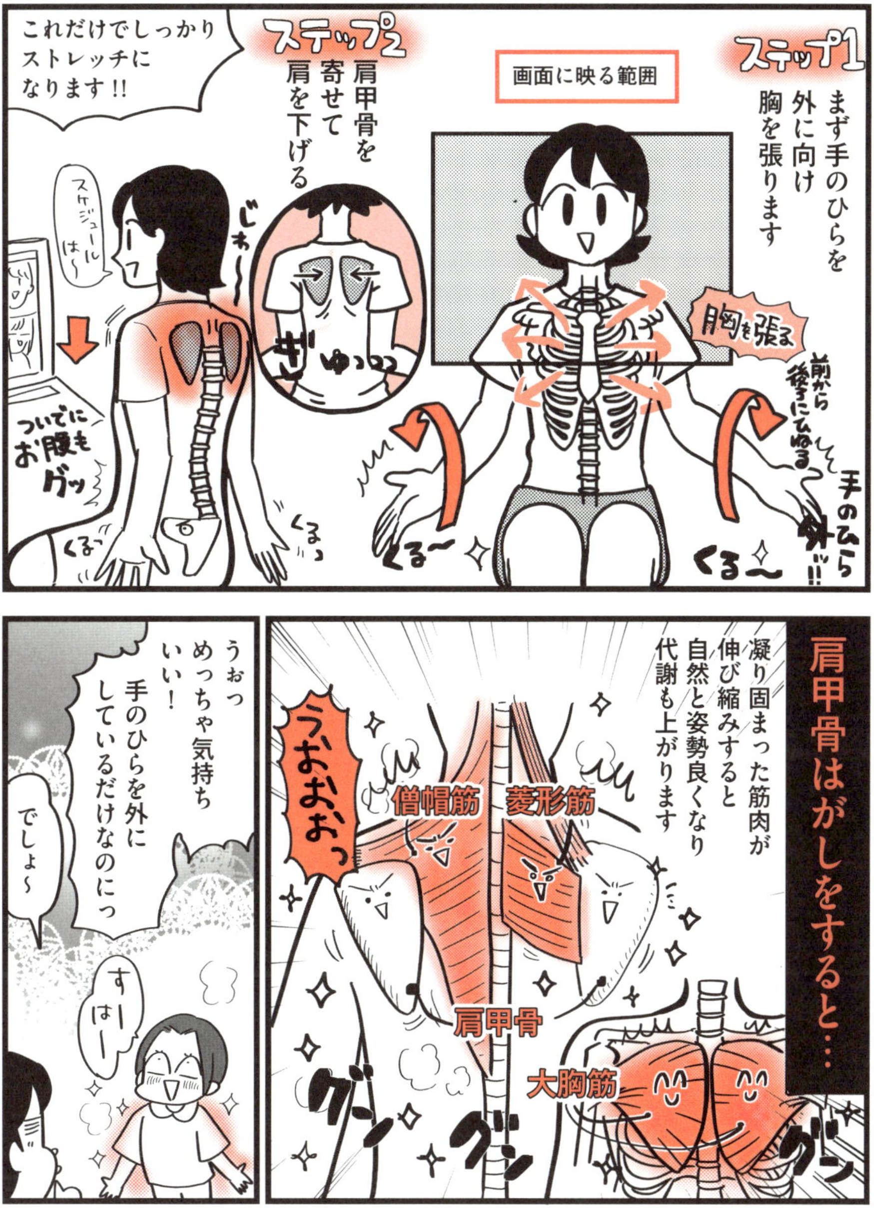
ステップ1
まず手のひらを外に向け胸を張ります
画面に映る範囲
胸を張る
前から後ろにひねるっ
手のひら外ッ!!
くる～
くる～
ステップ2
肩甲骨を寄せて肩を下げる
じわ～
ぎゅっっっ
これだけでしっかりストレッチになります!!
スケジュールは～
ついでにお腹もグッ
くるっ
くるっ
肩甲骨はがしをすると…
凝り固まった筋肉が伸び縮みすると自然と姿勢良くなり代謝も上がります
うおおおっ
僧帽筋
菱形筋
肩甲骨
大胸筋
グン
グン
グン
うおっ めっちゃ気持ちいい!
手のひらを外にしているだけなのにっ
でしょ～
すーはー

よーし
今日やること
終わり!
お疲れ
さま
でーすっ
ゴハン
行くか〜
行きますか〜
痩せる
立ち方や座り方をして
ちょっと意識上がった
気がするな〜
ヘルシー系…
ラーメン
かな?
……
…………
わいわい
全人類らぁ麺
わいわい
全人類らぁ麺
ズラ〜
全人類らぁ麺
お尻をグッと入れて
立つんだぞ
下っ腹も力入れて〜
……はい
フンッ
いやラーメン
食ったら全部
台無しやろ——ッ

# おまけ

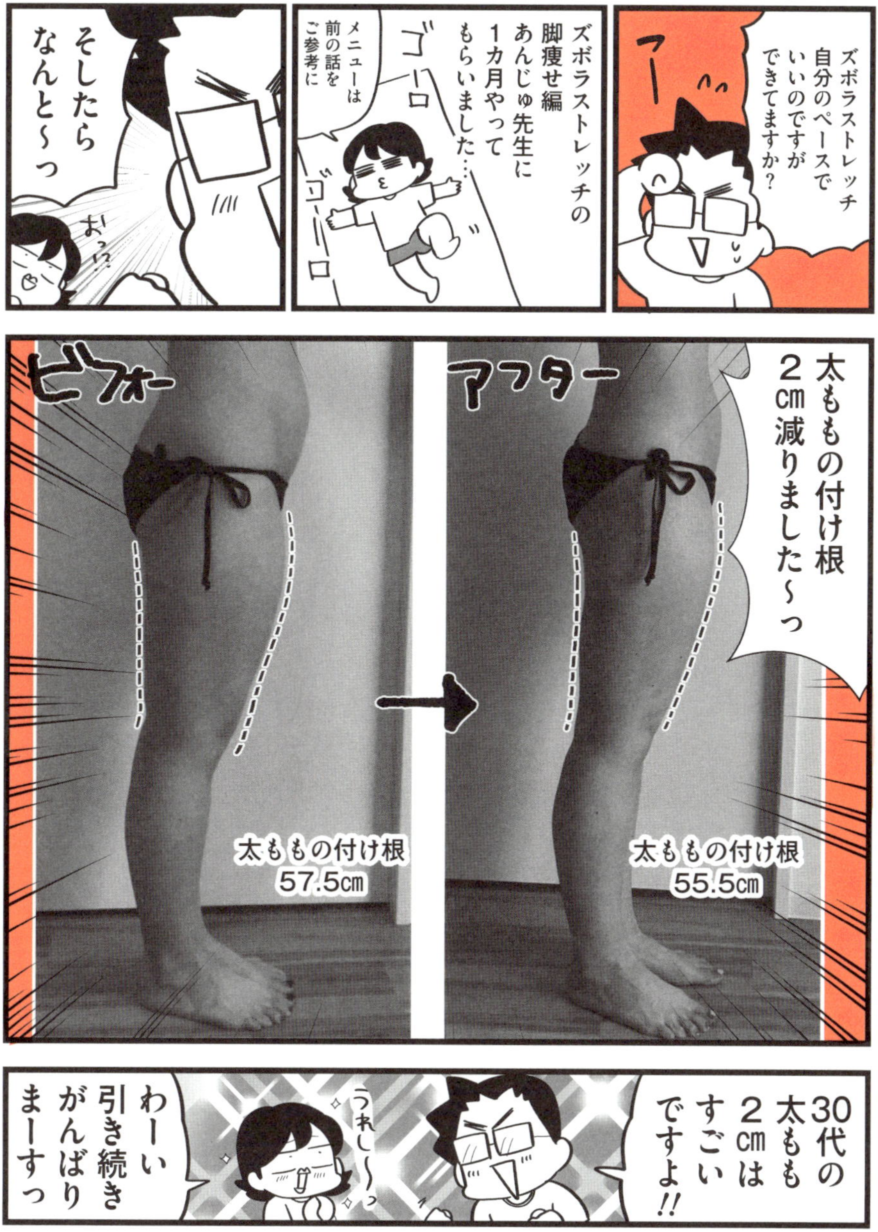


第3章 知らないうちに痩せてる ズボラ習慣

# 日常生活の意識を変えれば、身体が変わる

体重を落としたい、体型を変えたいと悩む人の多くは、「何か新しいことを取り入れないといけない」「やることを増やさないといけない」と考えすぎている節があります。しかし、実は日ごろの悪い習慣を断つことで、身体が劇的に変わることも多いものです。よくも悪くも身体への影響が大きいのが毎日の習慣です。ここではよくあるNG例を紹介しましょう。

・鞄やお買い物袋を腕にかけて、肘をずっと曲げている方もよく見かけます。この動作自体が悪いわけではないのですが、これは力こぶの筋肉（上腕二頭筋）が緊張しっぱなしの状態です。反対に腕の外側（上腕三頭筋）、いわゆる二の腕の筋肉は使っていないので、ずっと緩まっています。腕を筋トレして太くしたいという方以外は、長時間この持ち方をするのは避けてください。

・イスに座るときには、かかとが浮いてつま先立ち状態になっている人がいます。特に女性にとても多いです。実際にふく

らはぎを触っていただくとよく分かりますが、つま先立ちではふくらはぎの筋肉が収縮し、ずっと筋トレをしているのと同じ状態です。ふくらはぎを細くしたいという方は、つま先立ちにならないよう、しっかりとかかとまで地面につけましょう。

・イスに座ってパソコン作業をするとき、車を運転しているとき、肘が上がっていませんか？　肩まわりが緊張した状態のため、それを続けていると肩幅が広くなったり、肩まわりに筋肉がついたりする姿勢です。肩こりや頭痛の原因にもなります。逆にギュッとあえて脇を締めようとする必要もありません。ただ自然にストンと力を抜いた状態のままでいれば大丈夫です。

さて、マンガの中では骨盤を立てる座り方を紹介しました。骨盤が立っている状態をキープするためにオススメなのがバランスクッションです。これに座ると猫背の状態だと苦しく、お腹に力を入れて骨盤を立てているほうがラクなので、自然と骨盤を立てて座れるようになります。

あんじゅ先生の

# ズボラなつぶやき ③

ZUBORA STRETCH ZUBORA STRETCH

第4章

# 脂肪バイバイ お腹痩せストレッチ

初心者編

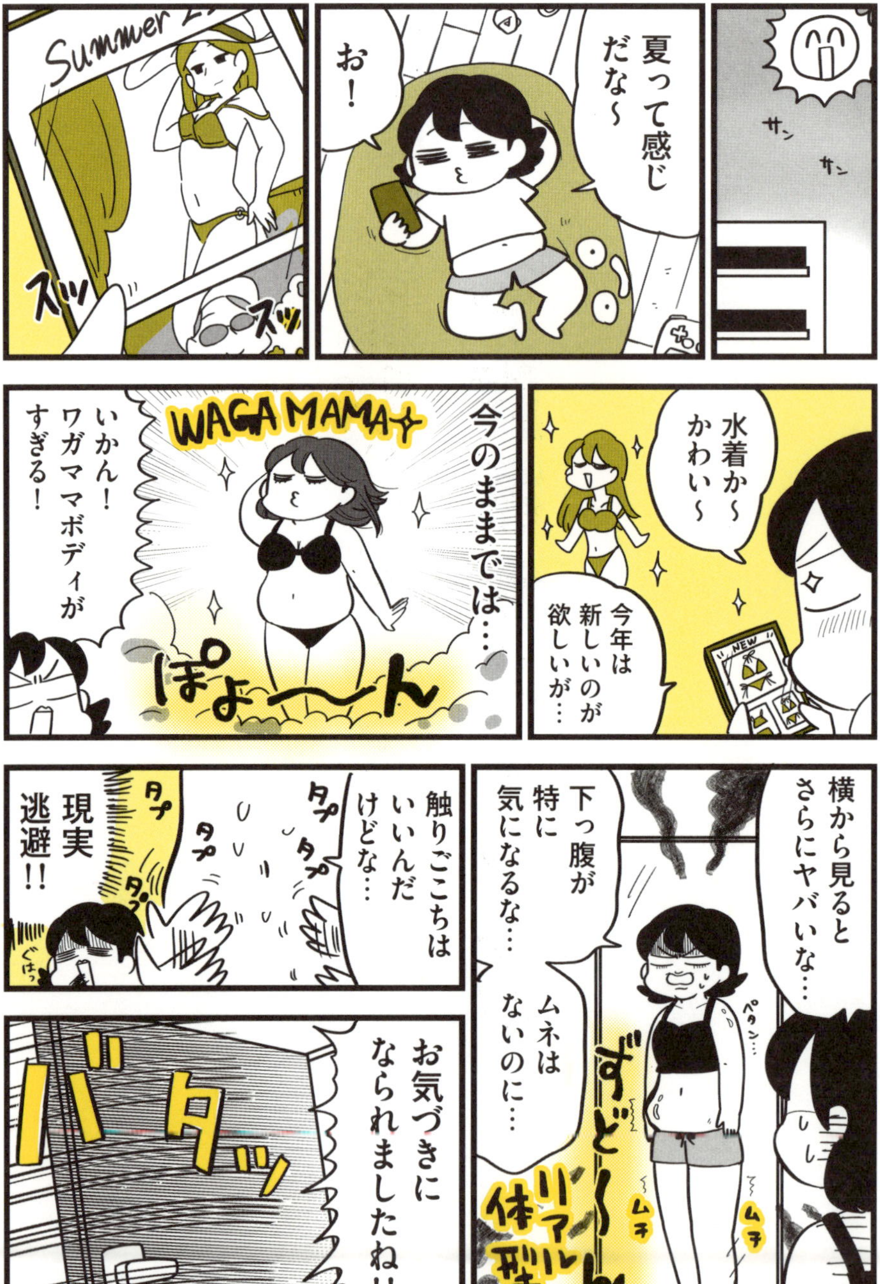

サン
サン
夏って感じだな〜
お!
Summer
スッ
スッ
水着か〜かわい〜
今年は新しいのが欲しいが…
NEW
今のままでは…
WAGA MAMA
いかん! ワガママボディがすぎる!
ぽよ〜〜ん
横から見るとさらにヤバいな…
下っ腹が特に気になるな…
ムネはないのに…
ペタン…
ずど〜ん
リアル体型。
ムチ
ムチ
触りごこちはいいんだけどな…
タプ
タプ
タプ
タプ
タプ
現実逃避!!
ぐはっ
お気づきになられましたね!!
バタッ

自分のカラダって真っ正面から見るより、ナナメから見るとヤバくないですか!??

ふかいさん
あんじゅ先生！お腹まわりのお肉にお困りですか
バーン
アンチ運動
実は…お腹はもっともサイズダウンが難しい部分なんです…
えっマジなんで
理由はいたってシンプル
お腹は生命維持に大切な機能が集まっている部分
それを守るために脂肪が多いんですっ！
脂肪たちありがとう
守ってまーすっ
脂肪
ほー
アンチ運動
特に
女性の身体は子供を産むための機能がしっかり備わっているため皮下脂肪を必要とします
なので お腹まわりがぽっこりしやすい
守ってあげなきゃー
ほほう…
男性も基礎代謝が落ちると摂取カロリーを消費できず
余ったエネルギーが内臓脂肪として蓄積されてしまいます
中年太りッ
20代
スラッ
ムチーン
なるほど！

ちなみに内臓脂肪ってのは胃とか腸などの臓器まわりにつく脂肪のこと
うげ…臓器のまわり…？ こわ…
えっ
エネルギー不足の時はこの内臓脂肪が役立つんだけど
体内
エネルギー
フラ〜フラ〜
もやせ〜〜っ
腸さん
中年太りさんの内臓脂肪は使うことが少ないのに
どんどん貯めこまれているんです
なにーっ
おへそ
内臓脂肪
骨
背中
ぉぉ〜〜っ
ギュッ
ギュ
ギュギュ〜
年齢とともに基礎代謝は下がるので…
同じ生活をしていても脂肪が燃えづらくなっているということか…
ハイ
仕方ナーイ
30代だもん仕方ナイナーイ

お腹痩せ筋トレ

# 脚上げ腹筋

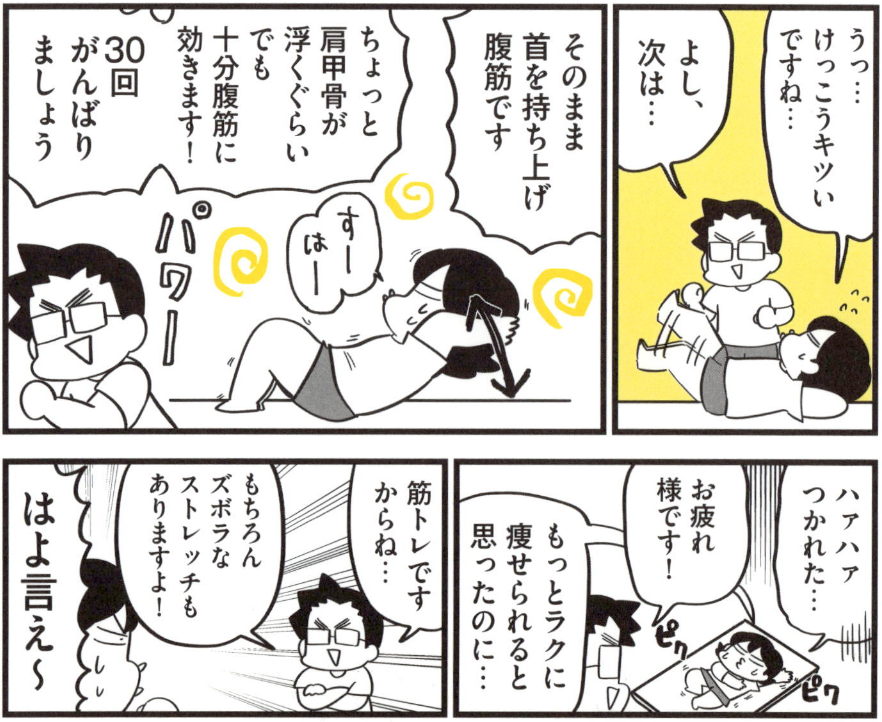

うっ…
けっこうキツい
ですね…
よし、
次は…
そのまま
首を持ち上げ
腹筋です
ちょっと
肩甲骨が
浮くぐらい
でも
十分腹筋に
効きます！
30回
がんばり
ましょう
すーはーー
パワーー
ハァハァ
つかれた…
お疲れ
様です！
もっとラクに
痩せられると
思ったのに…
ピク
ピク
筋トレです
からね…
もちろん
ズボラな
ストレッチも
ありますよ！
はよ言え～


お腹痩せストレッチ①

# 腹筋伸ばし

①うつ伏せで寝る
ベッドの上でもOKです。
②両手で持ち上げ
上半身を伸ばす
お腹っ
のび～
すーはーー
じわ…
じわ
腹筋を
伸ばす！
お腹伸びて
きもち～
腹直筋
ですねっ
う～ん

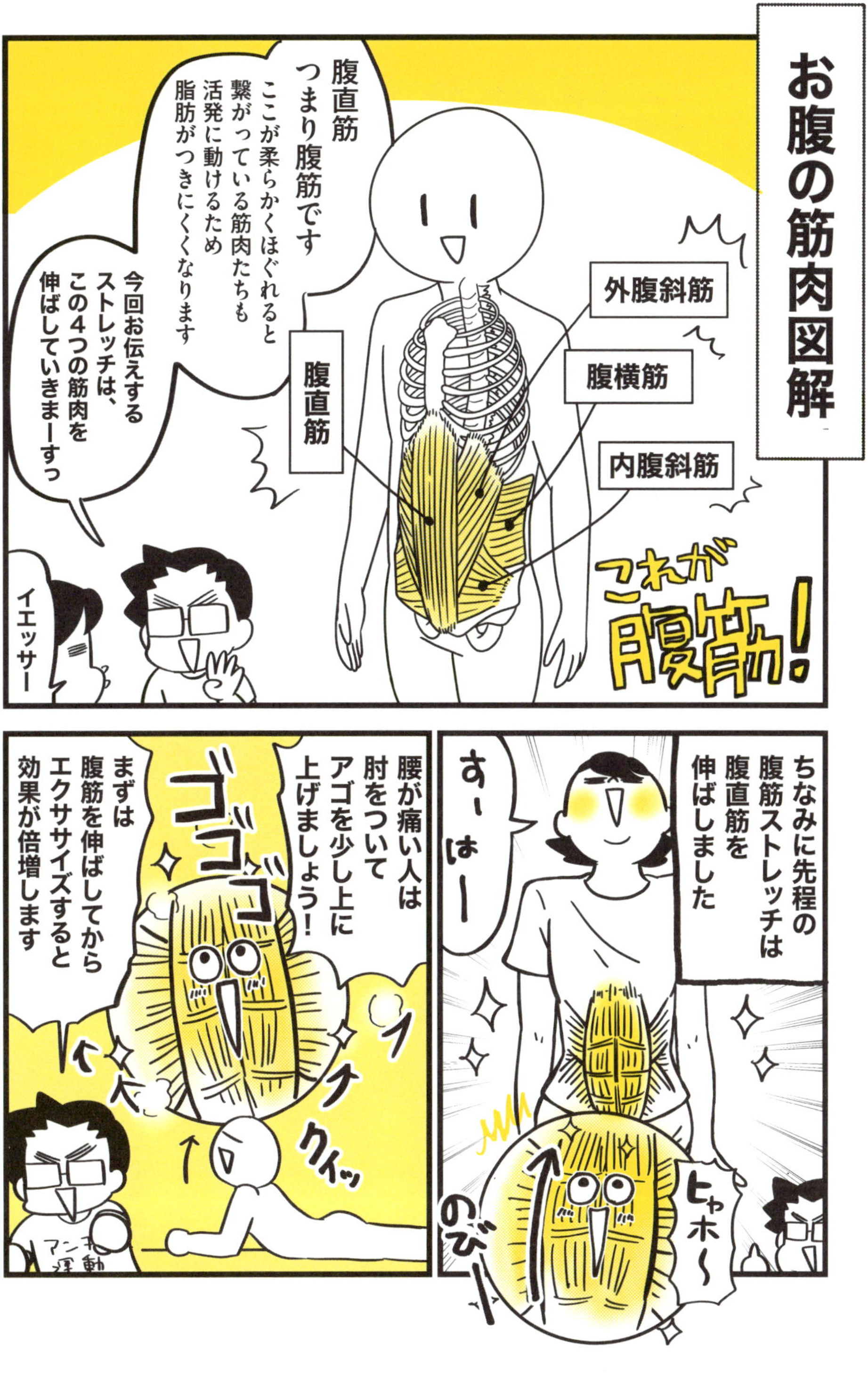
お腹の筋肉図解
腹直筋 つまり腹筋です
ここが柔らかくほぐれると繋がっている筋肉たちも活発に動けるため脂肪がつきにくくなります
外腹斜筋
腹横筋
内腹斜筋
腹直筋
これが腹筋!
今回お伝えするストレッチは、この4つの筋肉を伸ばしていきまーすっ
イエッサー
ちなみに先程の腹筋ストレッチは腹直筋を伸ばしました
すーはー
ヒャホ～
のびー
腰が痛い人は肘をついてアゴを少し上に上げましょう!
まずは腹筋を伸ばしてからエクササイズすると効果が倍増します
ゴゴゴ
クイッ

お腹痩せストレッチ②

# ヒザ付きプランク

腹直筋
腹斜筋
腹横筋
全部効く
まずプランクの姿勢をつくってから、ヒザを付きます
肘を付いた状態でお腹だけ浮かせます
下っ腹に力を入れる
ガッ
すーはーー
呼吸を忘れずに30秒間プランク
ヒザは付き
つま先は立てる
肘を付く

なるべく腰をグーっと丸めることで腹直筋により効果的に効きます
ぐーーっ
ぐぐぐぐ
すーはーー
もし肩がキツい方はヒザを付く位置を自分の身体に近づけてください
ヒザを付けると普通のプランクよりツラくないっ！
でも効くんですよ～いいですね～
はーー

お腹痩せストレッチ ③

# 腹斜筋伸ばし

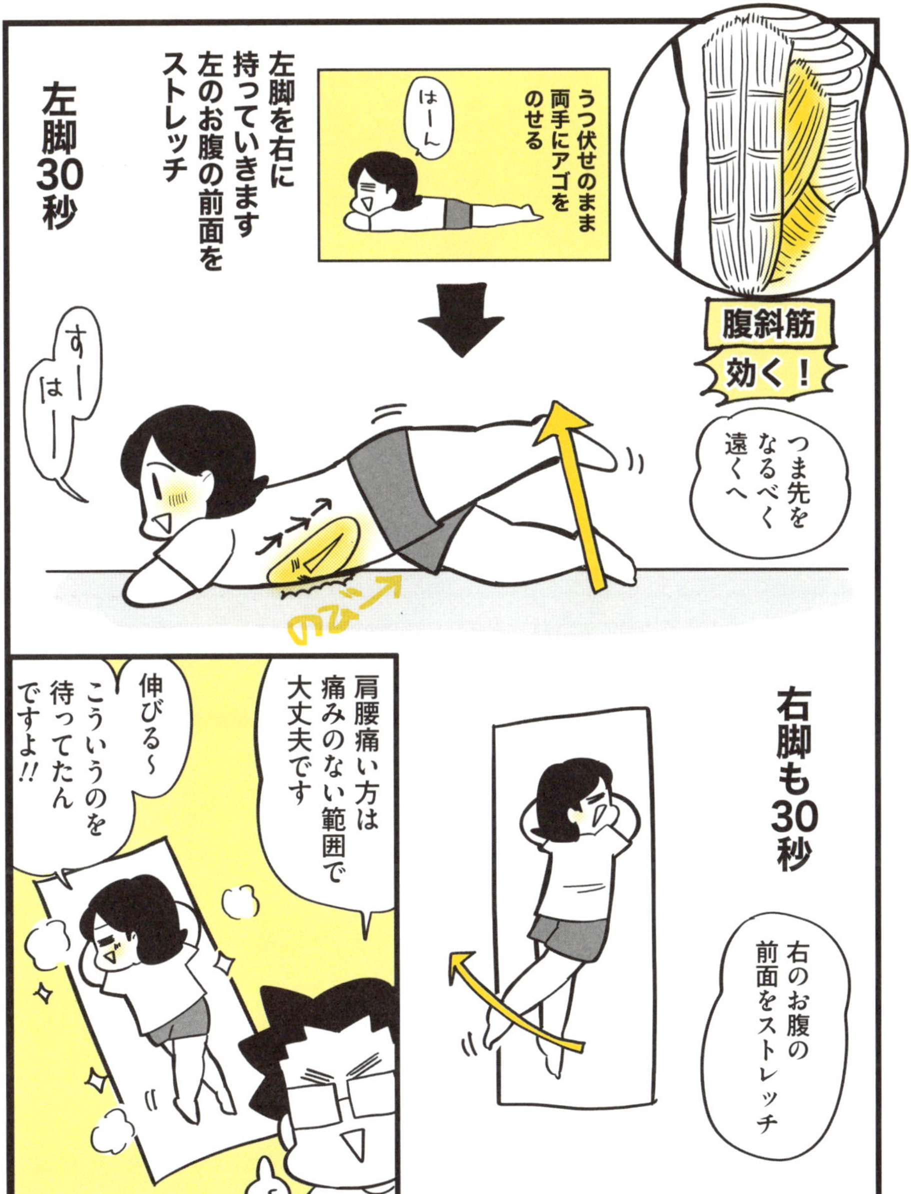

お腹痩せストレッチ ④

# マウンテンクライマー

①四つん這いになって右脚をグッと上げる
腹直筋
効く
太ももとお腹を近づける
ポイント
しっかり脚を高く上げることでしっかり腹筋を使えます

②両脚をそろえる
なるべく腰を丸めたほうが腹筋に効きます
③左脚も右脚と同様に上げる
グッッ
30回(30秒)

これは効くぜ!
これだけでも十分ですがもう少しがんばりたい方は…
ポカポカ
アンチ運動

お腹痩せストレッチ ⑤

# 自転車こぎ

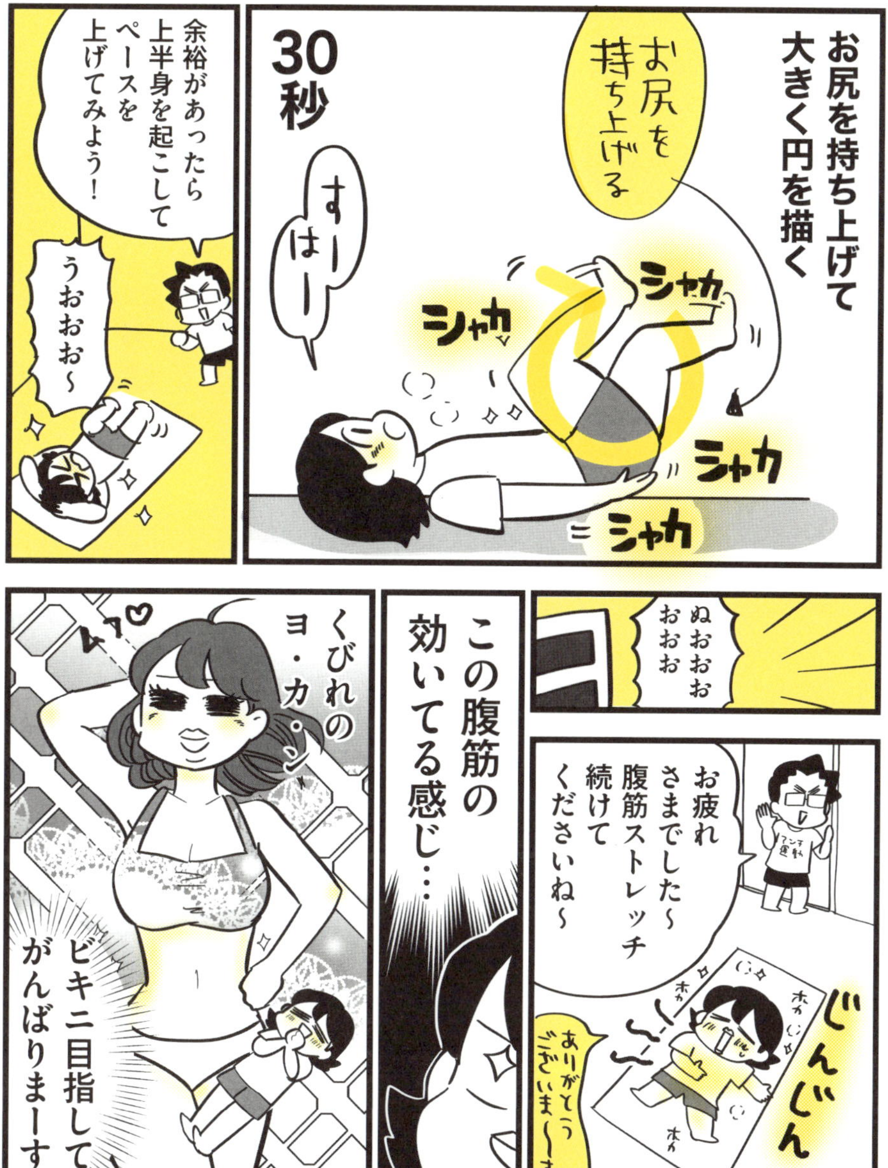

お尻を持ち上げて大きく円を描く
お尻を持ち上げる
30秒
すーはー
シャカ
シャカ
シャカ
シャカ
余裕があったら上半身を起こしてペースを上げてみよう！
うおおお〜
ぬおおおおおおお
お疲れさまでした〜腹筋ストレッチ続けてくださいね〜
じんじん
ありがとうございま〜す
この腹筋の効いてる感じ…
くびれのヨ・カ・ン
ムフ♡
ビキニ目指してがんばりまーす

# 日常生活の意識を変えれば、身体が変わる

身体が硬い。身体が柔らかい。それってどういうことだと思いますか？　なんとなく身体は柔らかいほうがいいとは思いながらも、どういう状態が理想なのかを考えていない人が多いようです。

一般的に、身体が柔らかい人というと前屈や開脚がベタっとつく人をイメージします。しかし前屈も開脚もできるのに、（失礼ながら）脚が太い女性もたくさんいます。理由は一つではありませんが、例えば内ももや裏ももの筋肉は柔らかいけれど、前ももは硬いというのも一つのパターンです。しかし、そうした人たちは開脚ができるからと開脚ばかりやってしまっています。柔らかい部分だけさらに柔らかくなり、いつまでも硬い部分が硬いままになっていることも少なくありません。

また、ただ単に筋肉量が少ないだけ、ということもあります。理科室のガイコツ模型を思い出してみてください。筋肉がついていない状態ではグニャグニャと自由自在に動かすことができますよね。以前、変形性股関節症で杖をつきながら歩いているおばあちゃんの施術を担当させていただいたことがあります。彼女は前屈も難なくできていました。しかしそれは身体が柔らかいというよりも、ただ筋肉がついていないだけだったのです。

このように、「身体が柔らかい」というのは、巷《ちまた》で言われている以上に難しい概念だと僕は考えています。理想は、使いたい筋肉を思った通りに動かせることです。ストレッチと言うと筋肉を伸ばすことばかりをイメージされますが、縮めることと伸ばすことがバランスよくできることが重要なのです。

3章の立ち方・座り方の話にも関連しますが、その人の生活習慣によって一部の筋肉が伸びきっていたり、逆に縮みきっていたりすることは珍しくありません。たとえば、飲食店を経営している50代の女性は、毎日お店に何時間も立ちっぱなしで仕事をしています。そのせいでヒザが伸びきってしまい、曲がらなくなっていました。

また、デスクワークのサラリーマン男性の中には、座ってばかりの時間が長すぎて、逆にヒザが伸びきらないというケースも珍しくありません。

ストレッチをするときには、日常とは逆に、筋肉を伸ばしたり縮めたりすることを少し意識してみてください。マンガの中に出てきた腹筋のストレッチもその一つです。現代人の多くは腰を丸めて座ったままの姿勢でいる時間が長く、腹筋（腸直筋）が収縮したままになっています。しっかりと伸ばしてあげることで、トレーニング時の可動域も広がり、より効果的になります。

でぶんじゅ先生 VOL3
ナイトルーティン
おふろ大好きなのでぜったいに入ります!
出たあと…ズボラストレッチふかいさんのことを思い出します…
ストレッチはおふろあがりがオススメです
あ
水を飲みあったかいコーヒーを入れて
アイスを食べます
アイス
水
アイス食べながらコーヒーのみながら
ズボラストレッチしながらゲームします
努力
背徳
背徳と努力の組み合わせセット!
ストレッチメニューは自由っ!
アイスも自由です
とけるのでカップアイスがおすすめです

ツッコミ不在。

ZUBORA STRETCH ZUBORA STRETCH

# 第5章

# もっとお腹痩せストレッチ

## パワー編

友人宅
痩せてる人はなぜ痩せているのか…
デブの素朴な疑問
ペロペロペロ
ペロペロペロペロ…
説明しよう!
この美女はッ
友人pumi《ぷみ》
美容看護師
161㎝ 44～45kg
ゲーム仲間なのである!
えー!?
教えてくれよぷーみー
わんころちゃっちゃっちゃはマルチーズチワワ、チワワプードルみたいです
やっぱり痩せ体質なのか
そうにちがいないっ
ペロペロペロペロ
ペロペロ
体質カンケーないですって!!
うーん
食べても食べても太らないいんでしょ!?
いーなー
いや太りますよ!!
11キロ今より太ってたんですよ
マジ!?
でもドーナツもふつうに食べるし
手土産ドーナツ
そりゃ食べますよ
昨日はケーキ食べてるし
インスタストーリーチェック
あまいものスキー
3コも食べちゃいました
今日はとにかくヤセてカワイイ人はなぜヤセてるかを観察していこうと思いますっ
え!そうなんですか!?なんでも聞いてくださいっ
カーッ

ぷーみーの美の秘訣を探るべく
一緒にズボラストレッチしてみた
やろう!
やりましょーっ
まずは……
寝たまま脚回し
すーはー
すーはー
あおむけになり脚の根元から内~外へ大きく回す
両脚20回
ヒザ付きプランク
すーはー
30秒間
ググググ…
自転車こぎ
30秒間
しゃかしゃか
腹筋ストレッチ 30秒
お腹を伸ばすんだッ
腹筋使ったあとちゃんと伸ばすんですね!
などなどズボラストレッチがんばってるんだ~
はー…
もの足りないです…
もうちょいキツイのあります?
えッッ!?
……

もっとやりたいです むしろ強度の高い やつお願いします！
あ… 準備運動 にはいいかも ですね…
ぱああああ
美女には ズボラ ストレッチは ラクショー なのか…
いつも 運動してるの？
うーん モチベ高い時は できますが
ジムとかも すぐ行かなく なっちゃうし
続かないん ですよねー
ジム
毎日やるぞー
3ヶ月後…
行ってない やめよ…
わかるわー…
ここも
なので私は ゲームの 合間合間に 筋トレ してます！
ちょこ ちょこ
フー フー
ちょこ ちょこ
ぷーみーと ほぼ毎日ゲーム してます。
なに〜〜!?
私、ゲームの合間 ダラダラSNS 見ちゃってたよ…
試合マッチ しないな〜
プランク
ですね〜
ダーラ ダーラ
この差は ヤバい…
あんじゅ先生も そこでズボラストレッチ すればいいんじゃ ないですか？
いや… 負けが 続いた時は やってたんよ…
ぷーみーは 毎回やって たのか

あと胃を小さくするのも大切ですよねー
くびれっ
キュッ
それなーっ
どうやって胃小さくしてんの？
食べないようにしてます
いやそれを聞きたいのよ
正確には徐々に減らして満腹の基準値を減らしてます
いやそれを聞きたいのよ
ダイエットメニュー
もやしツナ生春巻き
①
もやしをチン！
油を切ったツナ缶
②
ぬらしたライスペーパーで包む。
完成っ
チリソースで食べる！美味しい♡
大好きなダイエットメニューをたくさんつくり毎食食べますっ
ライスペーパー好きっっ♡
おいしそーっ
そして空腹は…今私、ヤセてるぅ〜♡っと思いこんでます
空腹って幸せ…♡
すごい！
自分のマインドセットもしっかりやってる！

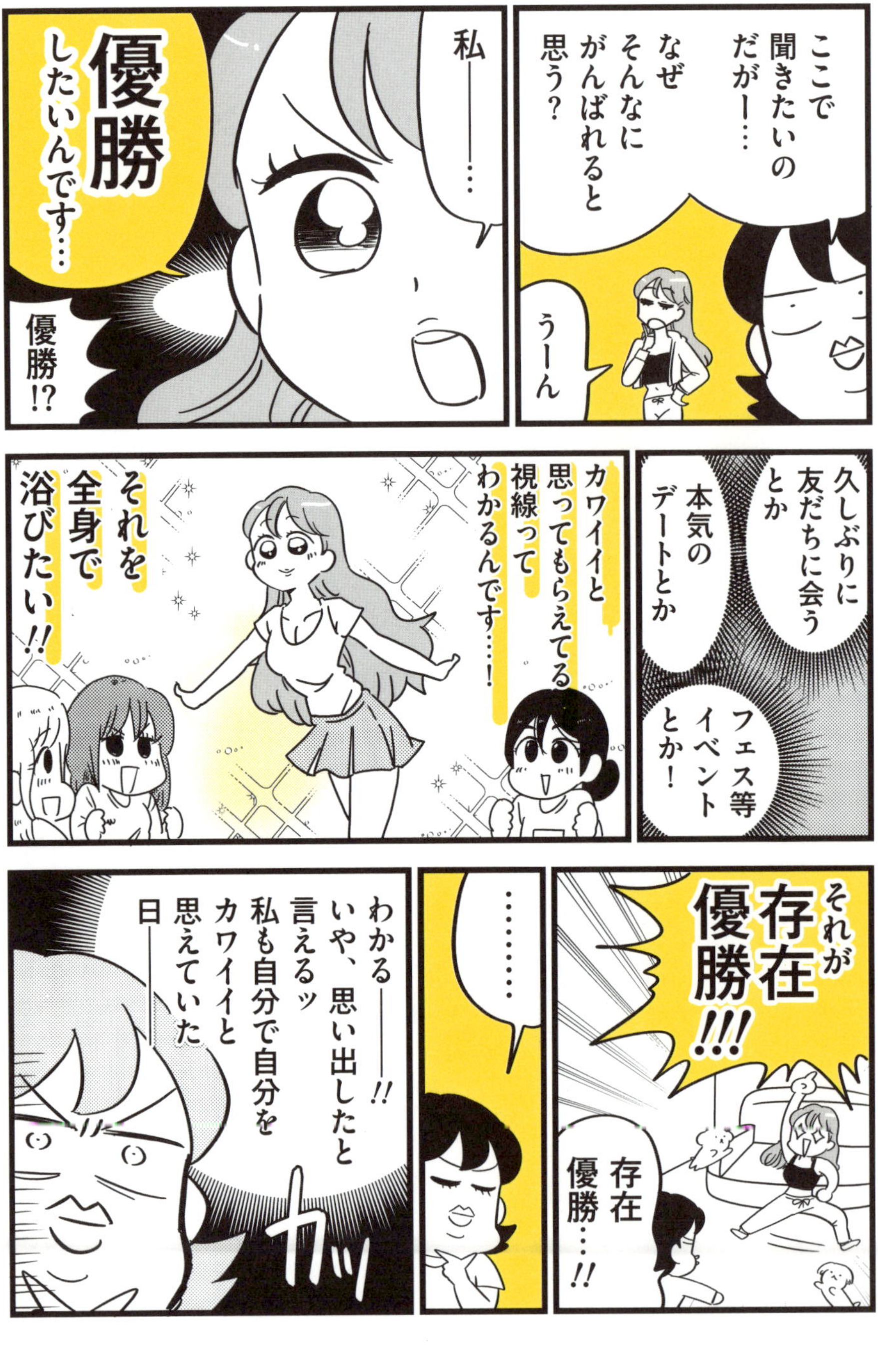
ここで聞きたいのだがー……
なぜそんなにがんばれると思う？
うーん
私―――……
優勝したいんです……
優勝!?
久しぶりに友だちに会うとか
本気のデートとか
フェス等イベントとか！
カワイイと思ってもらえてる視線ってわかるんです……！
それを全身で浴びたい!!
それが存在優勝!!!
存在優勝……!!
………
わかる―――!!
いや、思い出したと言えるッ
私も自分で自分をカワイイと思えていた日―――
カッ

たしかにあった――
小さくてもほんの一瞬でも…
私にも優勝経験が!!!
ガシィ
ありがとうぷーみー…大切なことを思い出させてくれて…
えっ!お役に立てました!?
わ~いうれし~い
プルルルル…
プルルル…
えっハイ!!
ふかいです!
あんじゅ先生急にどうされました!?
私の気になる下っ腹と脚に両方効くズボラストレッチを追加でください!!
えら~い♡
わ、わかりました!

お腹痩せストレッチ パワー編①

# カエル脚上げ

①まずはあおむけで寝る
②脚を上げヒザを曲げる
③脚のウラはくっつける
④ヒザとヒザを外にぐっと離して
ヒザ開ききる!
すー
腰が痛い方はムリせずお尻の下に手かクッションを入れましょう
⑤伸ばしきるこれを繰り返す
30秒間
はー
グッ
お腹にグッと力を入れて腰を反らないように
お腹の腹横筋、腹直筋、太ももの内転筋に効きます!
ゴゴゴゴ…
うおおおおおお…
速さは重要ではないです曲げきる、伸ばしきってほしいです!
すーはー
すーはー
内もも効く〜

## お腹痩せストレッチ パワー編②

# ゆっくり脚パカ

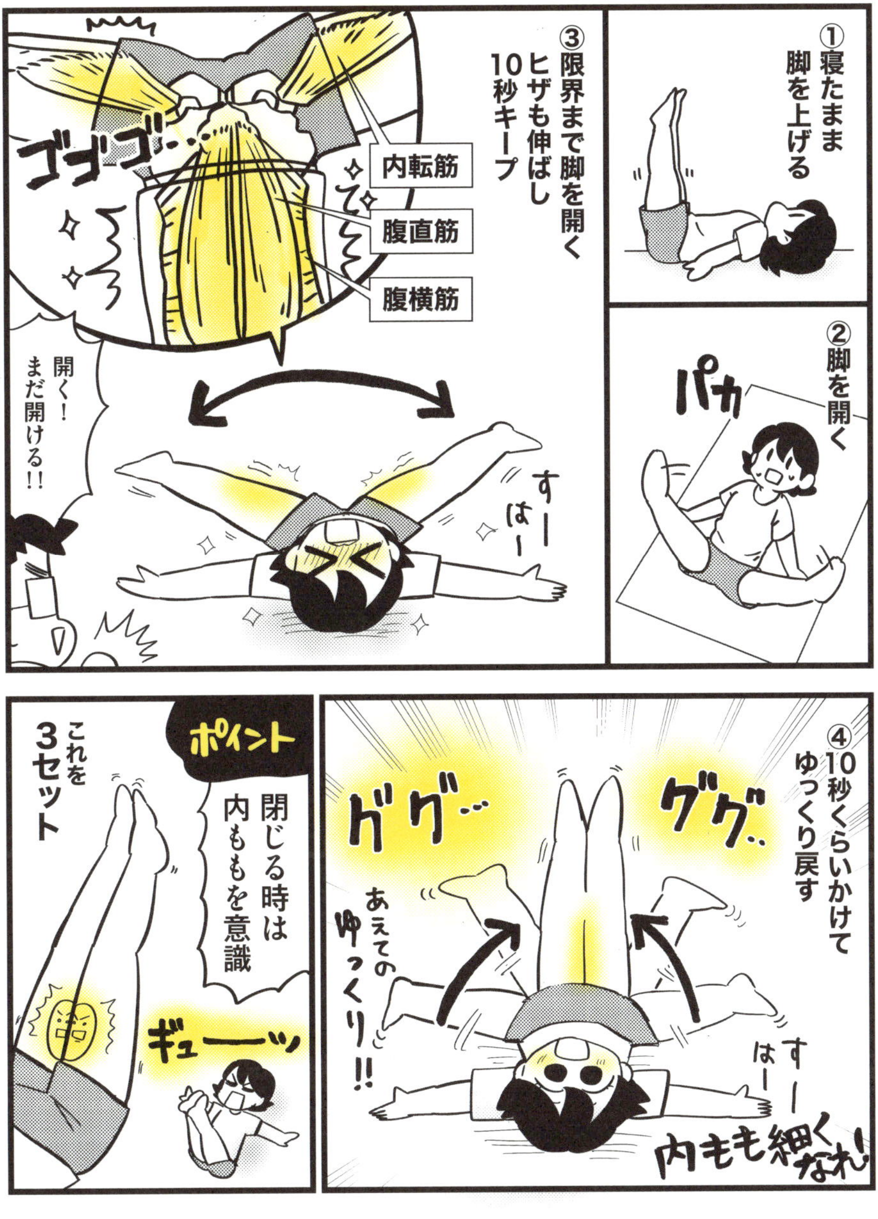
①寝たまま脚を上げる
②脚を開く
パカ
③限界まで脚を開く ヒザも伸ばし 10秒キープ
ゴゴゴ…
内転筋
腹直筋
腹横筋
開く！ まだ開ける!!
すーはー
④10秒くらいかけて ゆっくり戻す
ググ…
ググ…
あえてのゆっくり!!
すーはー
内もも細くなれ！
ポイント
閉じる時は内ももを意識
これを3セット
ギューーッ

ゆっくりやる意味ってありますか!?
脚パカゆっくりやるとじわじわ効いてきますよね！
筋肉には短距離走等など瞬発力を得意とする速筋と
見た目が大きな筋肉
長距離走など持久力を得意とする遅筋があります
見た目が小さな筋肉
こっちがいいな！
女性は遅筋のほうの筋肉のつき方を希望する人が多いのでゆっくりとした運動がオススメ！
結論：やりやすいほうでOK
うおおお
はやく
ゆっくり
グググ…
早く脚パカしても素人だと
大きな筋肉はつきませんから
ご安心を♡
絶対ムリしないように！1回でもいいのでやってみてくださいね！
ありがとうございました！
モチベ高い時キツいトレーニングしちゃいがちだけど遅筋を育てるためにちょっとずつ継続していきたいな～
私も再び優勝するために一日一度は脚を上げるぞ～
ほっ
最低限が最適解ですよ～

# ムキムキを目指さないなら、ゆっくりトレーニングが効く

人間には速筋と遅筋があります。分かりやすい例を出すならば、ウサイン・ボルト選手みたいなマッチョに見えるタイプは速筋タイプが多いです。マラソンの高橋尚子選手みたいに細身な方は遅筋タイプが多いです。速筋と遅筋の割合は、筋肉の部位によって、また人によって異なります。

残念ながらその割合を後天的に変えることは（ほとんど）不可能だと言われています。つまり生まれたときから速筋タイプか、遅筋タイプが決まっているということです。よく、「ちょっと運動するとすぐ筋肉がついてしまう」と悩む女性や、反対に「鍛えたいのに、頑張っても筋肉がつかない」と悩む男性を見かけますが、これも遅筋と速筋によるそもそもの体質の違いの可能性が高いと言えるでしょう。

速筋と遅筋はそれぞれ鍛え方も異なります。特に女性の場合は、「ムキムキになりたいわけじゃない」とトレーニングに消極的な人もいますが、できるだけ遅筋に効く種目を選ぶことで、理想の体型づくりに役立てられるはずです。とはいえ、そもそも、素人が自分でやった程度では、ムキムキになることはほぼあり得ないので、僕のYouTubeを見ながら自主トレをやるときには、あまり気にし過ぎずどんどんやっていただいて大丈夫です。

遅筋は、すばやく収縮したり大きな力を発揮したりすることが苦手な代わりに、持久力に優れています。低めの負荷をかけながら、同じ動作を何度も反復するトレーニングや、マンガの中で紹介したような、ゆっくりと時間をかけるやり方がオススメです。

速筋を鍛える際には、大きな負荷をかけ、短時間で集中して行う重量トレーニングが効果的です。

自分が目指す理想の体型をイメージしながら、ストレッチやトレーニングを組み合わせてみてください。

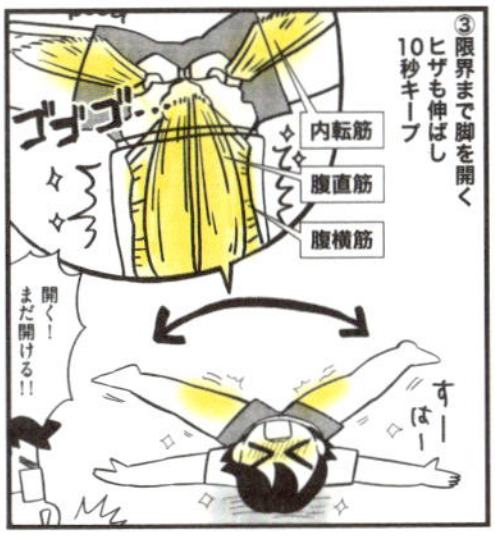
③限界まで脚を開く
ヒザも伸ばし
10秒キープ
内転筋
腹直筋
腹横筋
ゴゴゴ…
開く！
まだ開ける!!
すー
はー

でぶんじゅ先生 VOL4
下半身デブあるある
履けるブーツが少ない！
こういうチャック付きはムリ
ブー
○
これならいける
ひろい
ゴムがあるブーツなら履けるら〜！
すくないよ〜
恥ずかしいのは…
ギャ〜ラララ
試着でブーツから、ふくらはぎの肉があふれている時——ッ
ちなみに夢はニーハイブーツですっ
デブにやさしくない最高峰ブーツ！
目標とするニーハイブーツを買い5年経っても履けずに…
ゴメン
ついにくさりました…

# 第6章

# 見逃しがちな
# 二の腕痩せストレッチ

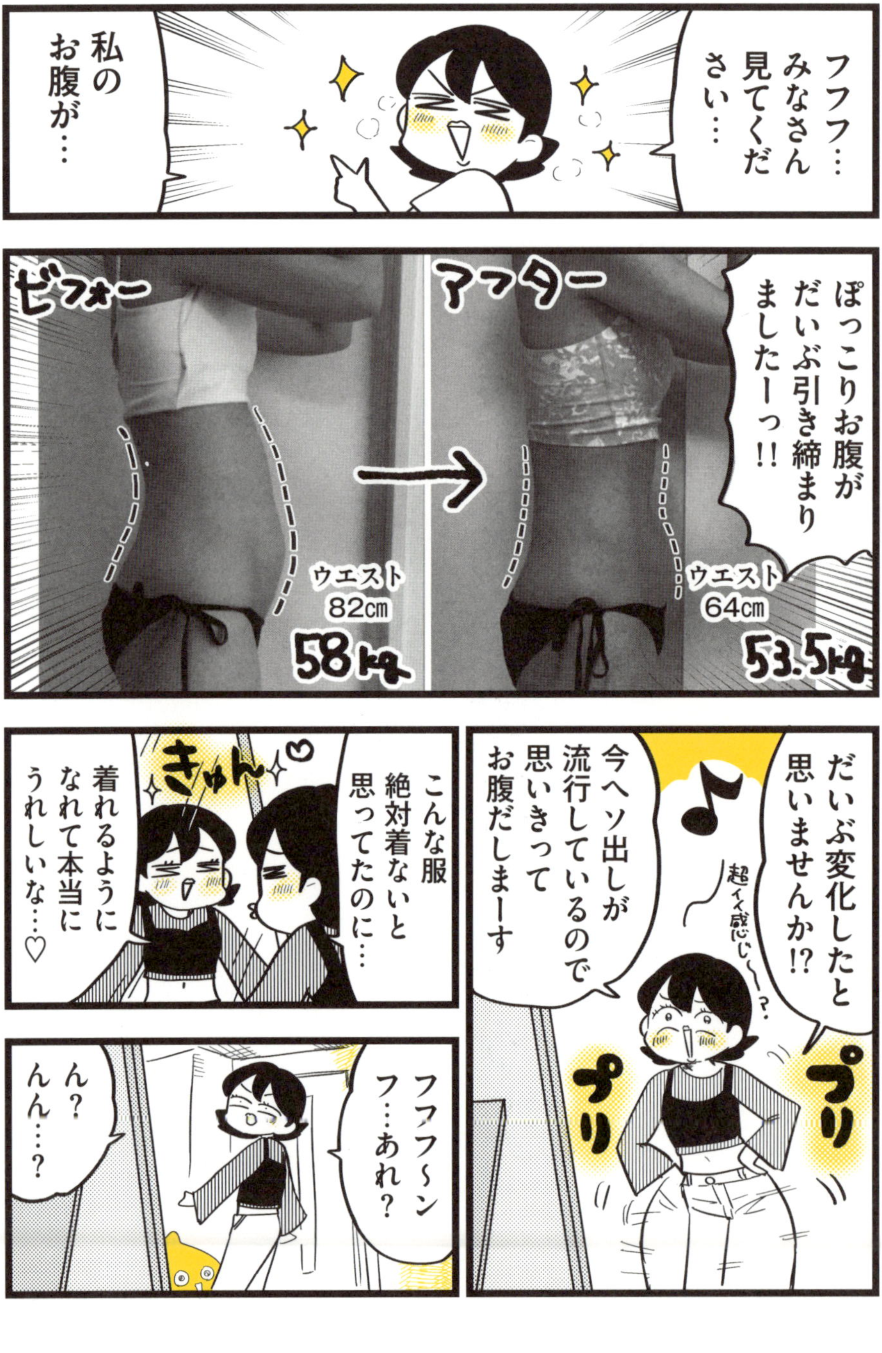

フフフ…みなさん見てください…
私のお腹が…
ぽっこりお腹がだいぶ引き締まりましたーっ!!
ビフォー
ウエスト 82㎝
58kg
アフター
ウエスト 64㎝
53.5kg
だいぶ変化したと思いませんか!?
今ヘソ出しが流行しているので思いきってお腹だしまーす
超イイ感じ〜?
プリ
プリ
こんな服絶対着ないと思ってたのに…
着れるようになれて本当にうれしいな…♡
きゅん
フフフ〜ンフ…あれ?
ん?んん…?

このハムのかたまりみたいな腕…
何!?
ムチッ
ムチッ
いや多少プニってたほうがカワイイ…いやむしろ…
おばさんっぽい?
ガーン
いや~~~~ちょっとこの腕のこの肉っひきちぎりたい!!
ぽよぽよぽよぽよぽよぽよぽよ
ううっ触っててキモチイイ!
この腕ほっそりさせるには…
腕立て伏せ…!!
プル
プル
プル
プル
ムリだ…私腕立て伏せ1回もできなかったんだっだ…!
ザの——ん
なにガラじゃない筋トレしてるんですかっ!?
ハァーイ♡
はっ!ふかいさん

このタプタプをどうにかしたいんですっ
タプ
タプ
二の腕ですか！薄着になると気になりますよね
ウーン
腕が太く見える原因
それは…
猫背・内巻き肩
にゃんですと〜!?
まさに私…ッ
猫背で肩が内側に入ってしまうと上腕《じょうわん》二頭筋《にとうきん》を締めてしまうのです
上腕二頭筋
力こぶのところです
グググ
ヒェ
ヒェ〜
ピェ
毎日のデスクワークや肘をついたり…腕を組んでいるほうがラクだったり
カバンを肩にかけず腕で持ったりするのも原因です
ぎゅううう…
うわ〜やりがち
腕の上側も気になりますが下側もヤバいんですが…
上腕三頭筋ですね
ぽわ〜ん
上腕二頭筋は肘を曲げたまま物を持つ時に使います
上腕三頭筋は頭上に物を持ち上げる時に使います
物を上に…いつ使うんだよ!!
よいしょ
よいしょ

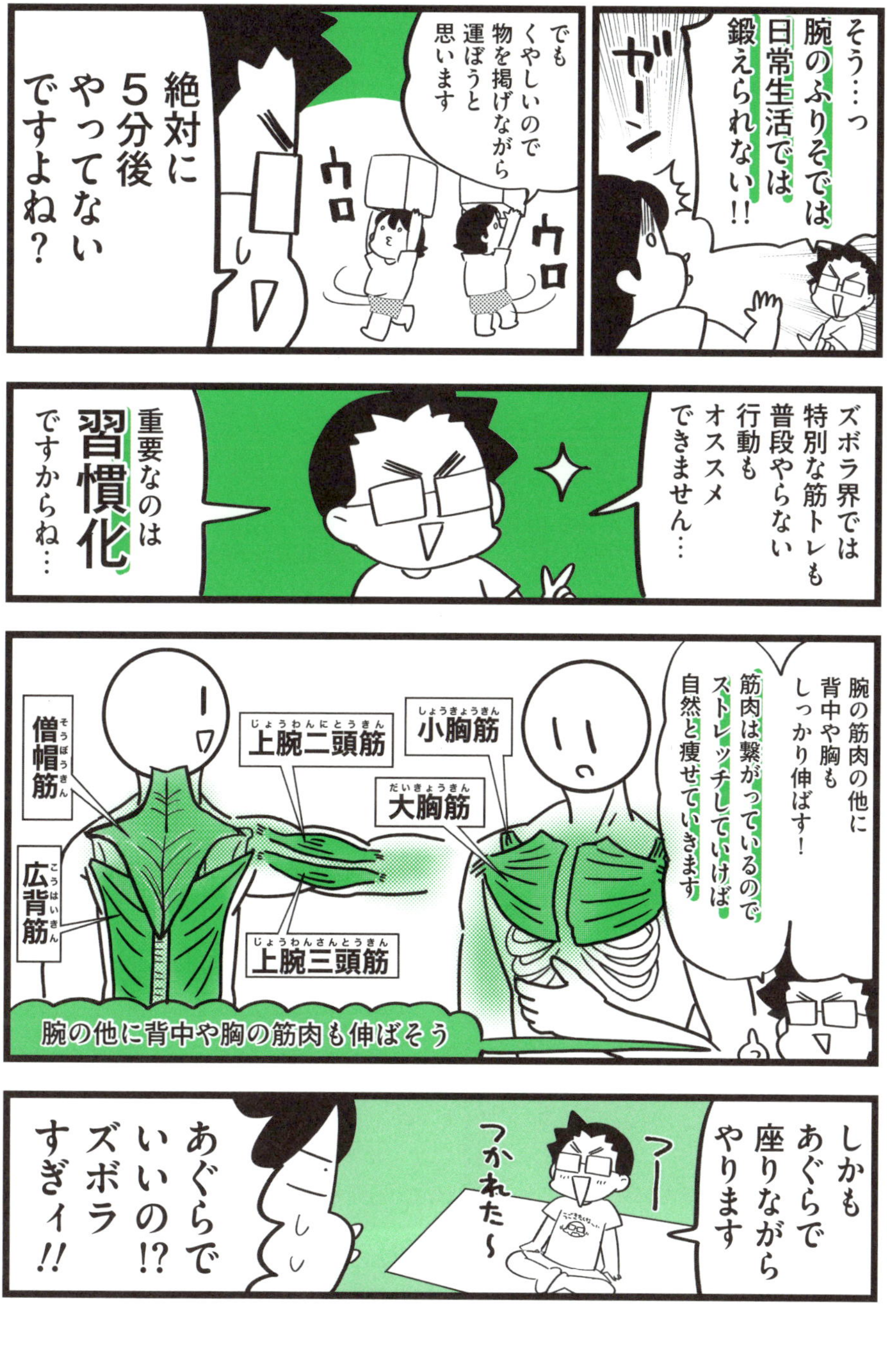
そう…っ
腕のふりそでは日常生活では鍛えられない!!
ガーン
でもくやしいので物を掲げながら運ぼうと思います
ウロ
ウロ
絶対に5分後やってないですよね?
ズボラ界では特別な筋トレも普段やらない行動もオススメできません…
重要なのは習慣化ですからね…
腕の筋肉の他に背中や胸もしっかり伸ばす!
筋肉は繋がっているのでストレッチしていけば自然と痩せていきます
小胸筋《しょうきょうきん》
上腕二頭筋《じょうわんにとうきん》
大胸筋《だいきょうきん》
僧帽筋《そうぼうきん》
広背筋《こうはいきん》
上腕三頭筋《じょうわんさんとうきん》
腕の他に背中や胸の筋肉も伸ばそう
しかもあぐらで座りながらやります
フー
つかれた〜
あぐらでいいの!? ズボラすぎィ!!

# 二の腕痩せストレッチ8種

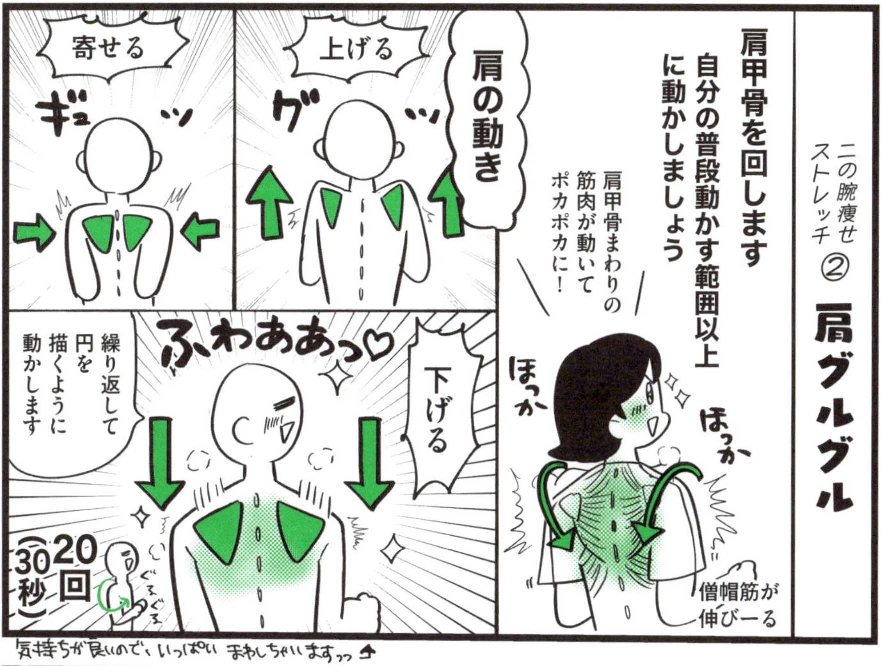
二の腕痩せストレッチ②
肩グルグル
肩甲骨を回します
自分の普段動かす範囲以上に動かしましょう
肩甲骨まわりの筋肉が動いてポカポカに！
ほっか
ほっか
僧帽筋が伸びーる
肩の動き
上げる
グッ
寄せる
ギュッ
下げる
ふわああっ♡
繰り返して円を描くように動かします
20回（30秒）
ぐるぐる
気持ちが良いので、いっぱいまわしちゃいますっっ

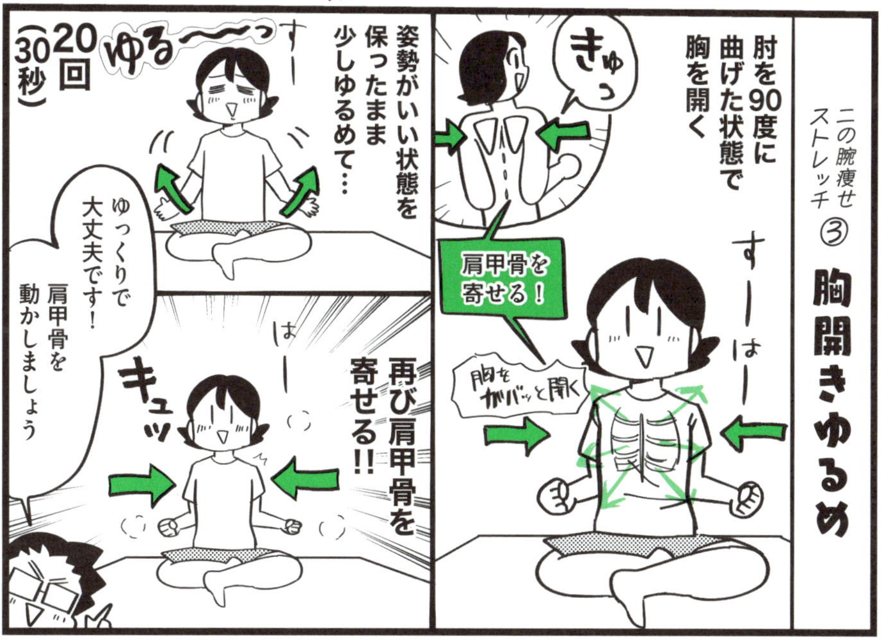
二の腕痩せストレッチ③
胸開きゆるめ
肘を90度に曲げた状態で胸を開く
きゅっ
肩甲骨を寄せる！
すーーはーー
胸をガバッと開く
姿勢がいい状態を保ったまま少しゆるめて…
ゆる〜〜っ
すー
20回（30秒）
再び肩甲骨を寄せる!!
はー
キュッ
ゆっくりで大丈夫です！
肩甲骨を動かしましょう

二の腕痩せストレッチ④
バンザイ上下
両手バンザイして…
すーはーー
手のひらを外に向けながら胸を張る
すすす~
すーはー
ギュ
ポイント
手のひら外!
胸を張るときに肩甲骨をグッと寄せて下げる
グッ
はー
広背筋に効く!
肩こりとか腰痛にも効きます
繰り返し
30秒

二の腕痩せストレッチ⑤
広背筋伸ばし
右肘を床に置きます
すーはー
トン
指先を遠くに向かって
すーはー
ポイント
誰かに指先をひっぱられているイメージ
グ~っと伸ばします
反対もやります
左肘を置き右側を伸ばします
脇の下脇腹が伸びればOKです
ゆら~~
はぁ~
伸ばす方向は一番伸びる方向!色々角度調整してみてください
右・左
30秒

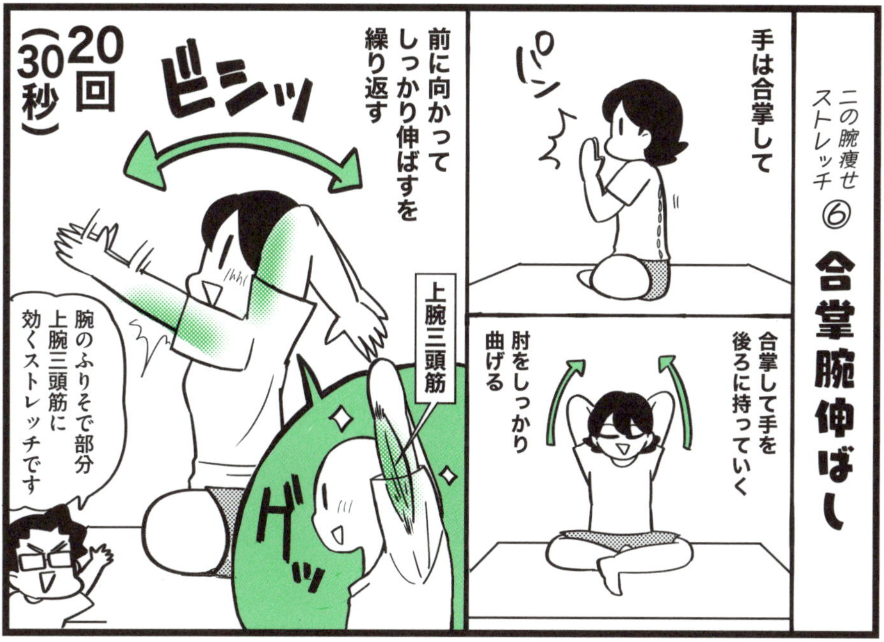
二の腕痩せストレッチ⑥
合掌腕伸ばし
手は合掌して
パン
合掌して手を後ろに持っていく
肘をしっかり曲げる
前に向かってしっかり伸ばすを繰り返す
ビシッ
20回（30秒）
上腕三頭筋
ギッ
腕のふりそで部分上腕三頭筋に効くストレッチです

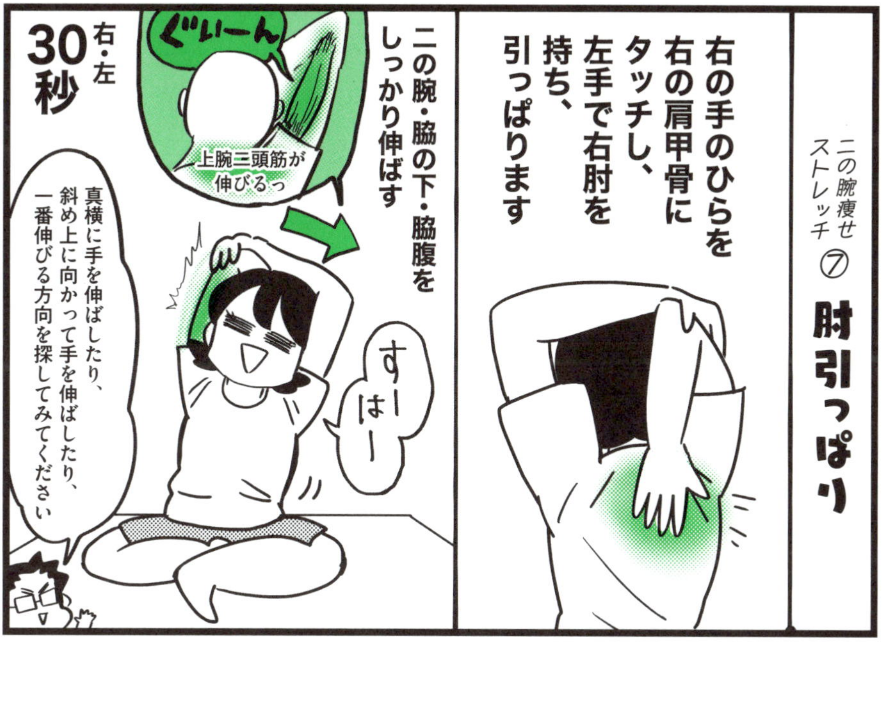
二の腕痩せストレッチ⑦
肘引っぱり
右の手のひらを右の肩甲骨にタッチし、左手で右肘を持ち、引っぱります
二の腕・脇の下・脇腹をしっかり伸ばす
右・左
30秒
ぐぃーん
上腕三頭筋が伸びるっ
すーはー
真横に手を伸ばしたり、斜め上に向かって手を伸ばしたり、一番伸びる方向を探してみてください

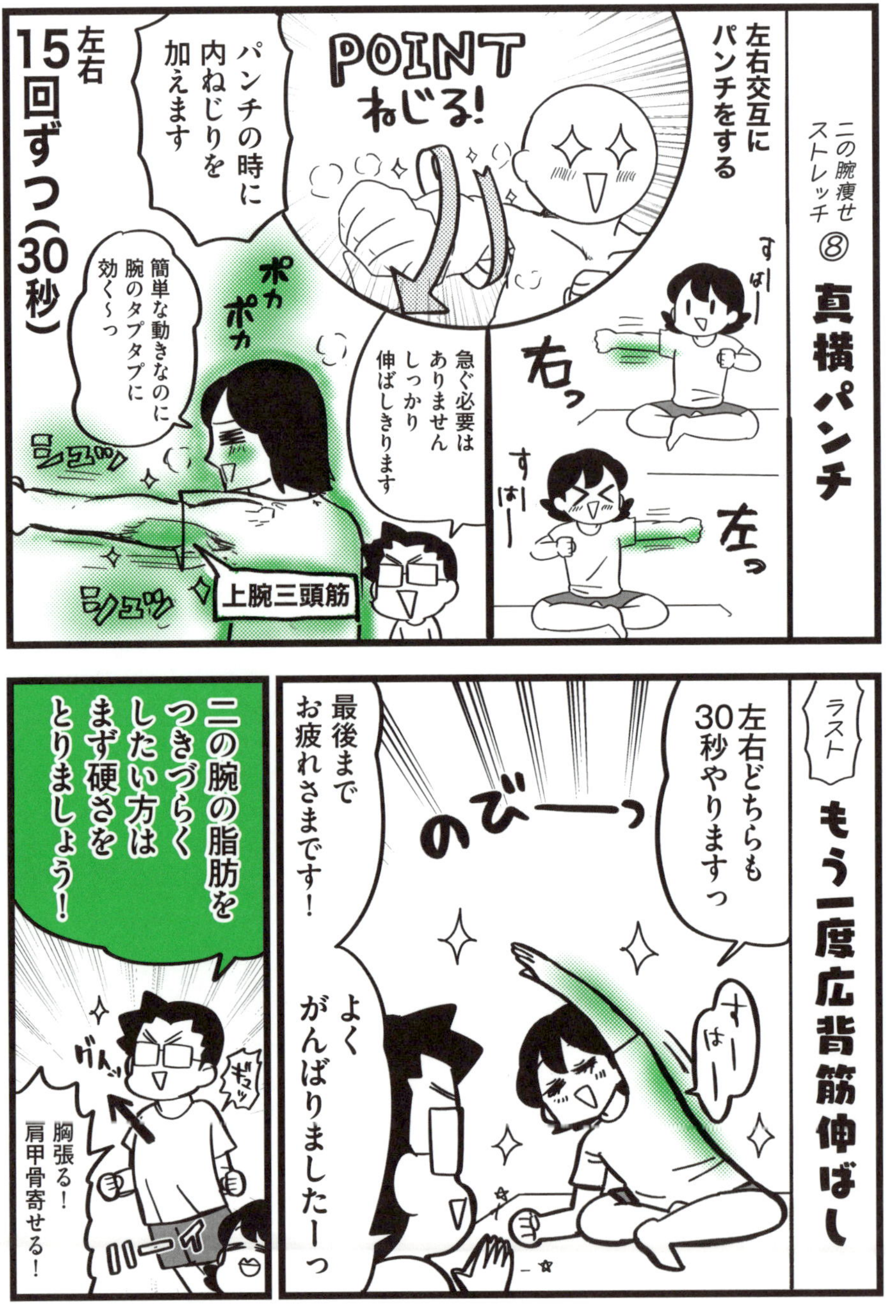
二の腕痩せストレッチ⑧
真横パンチ
左右交互にパンチをする
すはー
右っ
すはー
左っ
POINT ねじる!
パンチの時に内ねじりを加えます
左右15回ずつ(30秒)
急ぐ必要はありませんしっかり伸ばしきります
ポカポカ
簡単な動きなのに腕のタプタプに効く〜っ
ジワジワ
上腕三頭筋
ジワジワ
ラスト
もう一度広背筋伸ばし
左右どちらも30秒やりますっ
すーはー
のびーーっ
最後までお疲れさまです!
よくがんばりましたーっ
二の腕の脂肪をつきづらくしたい方はまず硬さをとりましょう!
胸張る!肩甲骨寄せる!
ハーイ

トレーナー深井'sコラム⑥

# なぜ、ズボラストレッチはたった数日で効果が出るか？

脚痩せを紹介した僕の動画の一つは、すでに2000万回近く再生されており、公開から2年経った今も再生回数を伸ばしています。そしてそのコメント欄には「2、3日で見て分かるほど太ももが細くなった」「1回で太ももが3㎝細くなった」など、わずか数日で効果を実感したという声がたくさん並んでいます。

なぜ、ズボラさんのためのお手軽ストレッチ動画で、これだけの効果が出ているのか？　それは、僕が解剖学を熟知して本当に効くものをオリジナルで考案しているから……では残念ながらありません。僕の動画で紹介しているストレッチやエクササイズのほとんどは他のＹｏｕＴｕｂｅｒさんの動画でも紹介されているものです。では、動きの組み合わせによって相乗効果を狙っているのか？　それもゼロではありませんが、本質ではないです。

僕がストレッチ動画を制作する際にもっとも意識しているのは、いかに離脱させないか、です。つまり、動画を見ながら、最後まで一緒に実践してもらえるかどうかを最重視しています。どれだけ効果的な種目を並べたところで、やってもらえなければまったく意味がないからです。「どうしたら完走してもらえるか」――実はこの視点を持ってストレッチやエクササイズの動画をあげているＹｏｕＴｕｂｅｒの方は極めて稀《まれ》です。

僕は自分自身の身体が硬いため、視聴者さんと同じ目線に立てることが大きな強みだと思っています。楽すぎず、キツすぎないちょうどいい範囲の種目からスタートするようにしています。余談ですが、身体も硬く、痩せてもいない僕ですが、視聴者さんからはこの体型が「親近感がもてる」と好評です。徹底的に視聴者さんと目線を合わせて、僕でもできること、続けられそうなことを紹介しているから、一緒に結果を出せる人も増えてきているのだと思います。

ストレッチ解説の都合上
とてもスタイルを
良くしています
えっ
すーはー
ぐぐ〜
わかりやすい!!
なにしているのか
わからない

# 第7章

# 後ろ姿も美しく
# お尻痩せストレッチ

ZUBORA STRETCH ZUBORA STRETCH

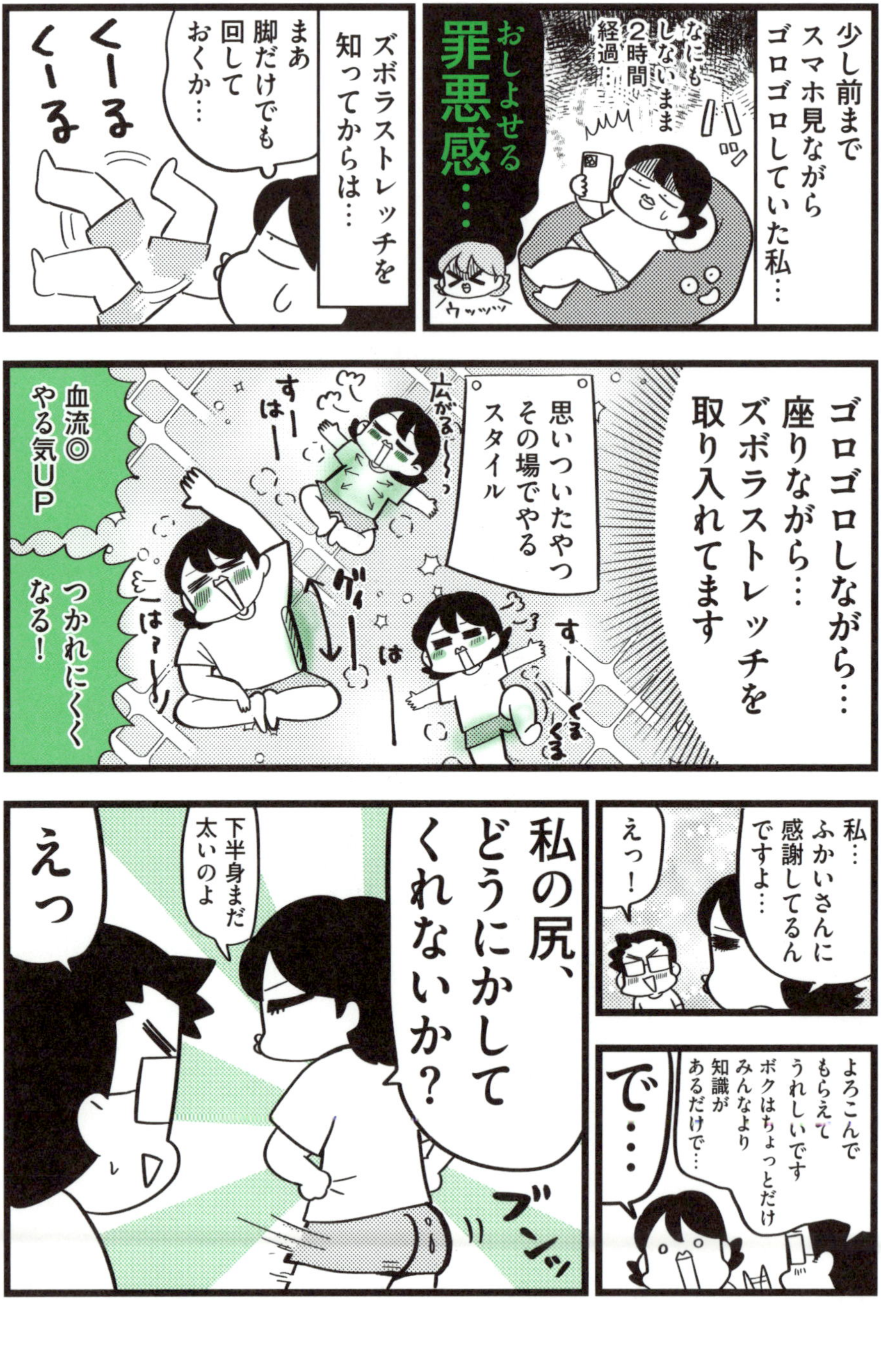

少し前までスマホ見ながらゴロゴロしていた私…
なにもしないまま2時間経過…
ハッ
おしよせる罪悪感…
ウッッ
ズボラストレッチを知ってからは…
まあ脚だけでも回しておくか…
くーるくーる
ゴロゴロしながら…座りながら…ズボラストレッチを取り入れてます
思いついたやつその場でやるスタイル
広がる〜〜っ
すーはー
グィー
はーっ
すーはー
くるくる
血流◎やる気UP
つかれにくくなる!
私…ふかいさんに感謝してるんですよ…
えっ!
よろこんでもらえてうれしいです ボクはちょっとだけみんなより知識があるだけで…
で…
私の尻、どうにかしてくれないか?
下半身まだ太いのよ
えっ
ブンッ

国民が選ぶ
痩せにくい場所No.1
尻と
尻と脚のはざまの
肉に効くストレッチ
教えてください!!!
ドドンッ
パンツにのる肉ー!!
下がりつづけるダル肉ー!!
尻と脚のさかい目ないーー!!
理想
お尻と下半身ですか!!
桃尻になったらヨガとかピラティス行く気になるんで
ズッ
行く気持ちはあるんですね!?
ヨガウェアまず今着れないっス
お尻や下半身痩せと言ったらスクワット…なんですが
よみがえる〇イザップのおもひで
ヒー
ヒーッ
ダンベル片足スクワットォ
ウッ
スクワットはもうやりたくないんです…
もっと本当に生活に取り入れやすいやつないんですか?
フウ。
ボクもイヤなんですスクワットつかれるんで…
それなら…
ボクがよくやっているながらストレッチ教えますよ!
略してながズボ!
おー「ながズボ」

お尻の横の筋肉
美尻にはまず
中臀筋を使うことで
一気に痩せます!!
スクワットより
効きますよ!!
ココー!
ウフフ
スクワット
より痩せる!?

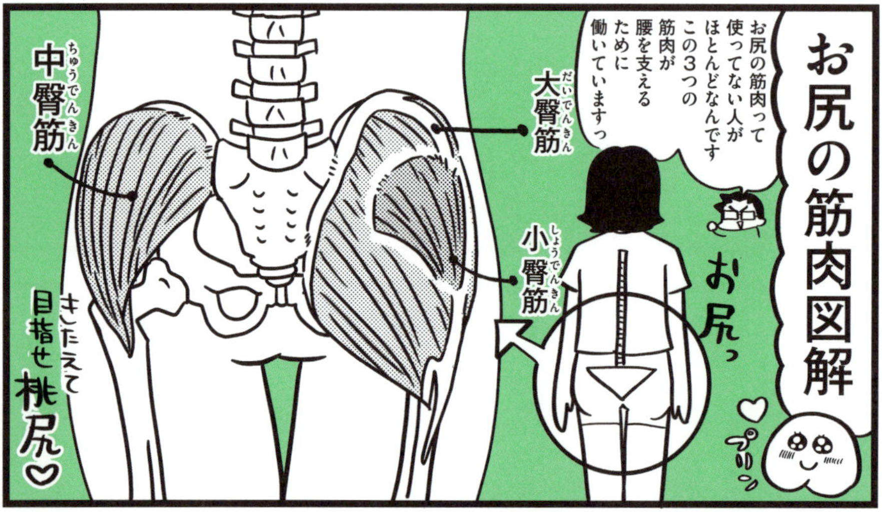
お尻の筋肉図解
お尻の筋肉って
使ってない人が
ほとんどなんです
この3つの
筋肉が
腰を支える
ために
働いていますっ
大臀筋《だいでんきん》
小臀筋《しょうでんきん》
お尻っ
プリン
中臀筋《ちゅうでんきん》
きたえて
目指せ桃尻♡

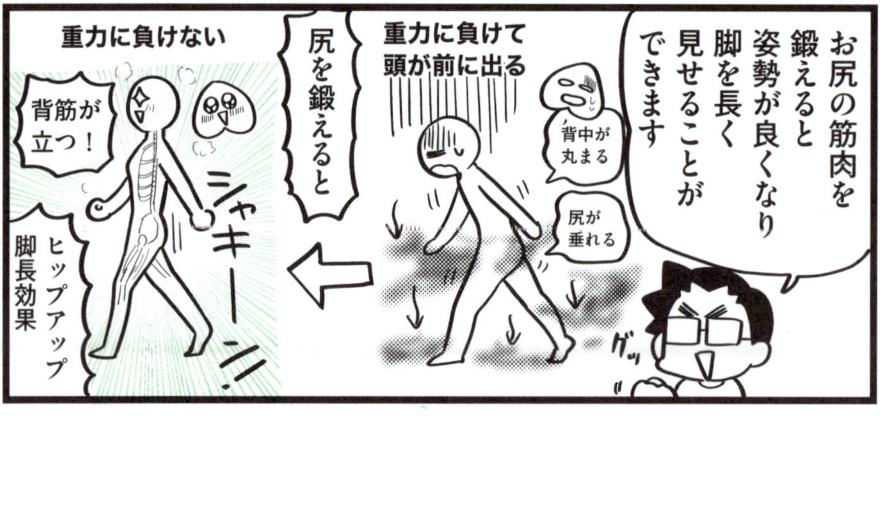
お尻の筋肉を
鍛えると
姿勢が良くなり
脚を長く
見せることが
できます
グッ
重力に負けて
頭が前に出る
背中が
丸まる
尻が
垂れる
尻を鍛えると
重力に負けない
背筋が
立つ!
シャキーン!!
ヒップアップ
脚長効果

お尻痩せストレッチ ①

# 横ヒザパカ

お尻痩せストレッチ ②

# お尻の筋肉伸ばし

①イスに座り右脚に左脚をのせます
床と平行に
②上体を前に傾ける！
じわじわ〜
す――
は――
右、左とも
30秒
深呼吸忘れずに
脚はできれば地面と水平にっ
プリーン
桃尻のためにまず固まった尻を伸ばしてね！

お尻めっちゃ伸び――る!!
のび――
のび――っっ
座りっぱなしの作業が多い方にかなりオススメです
でしょ!?

でも私全然傾けられないいんですが…
無理のない範囲でいいですよ！あと左右でも違うので伸びるなーってところまで伸ばしましょう
ピタッ
現実
理想

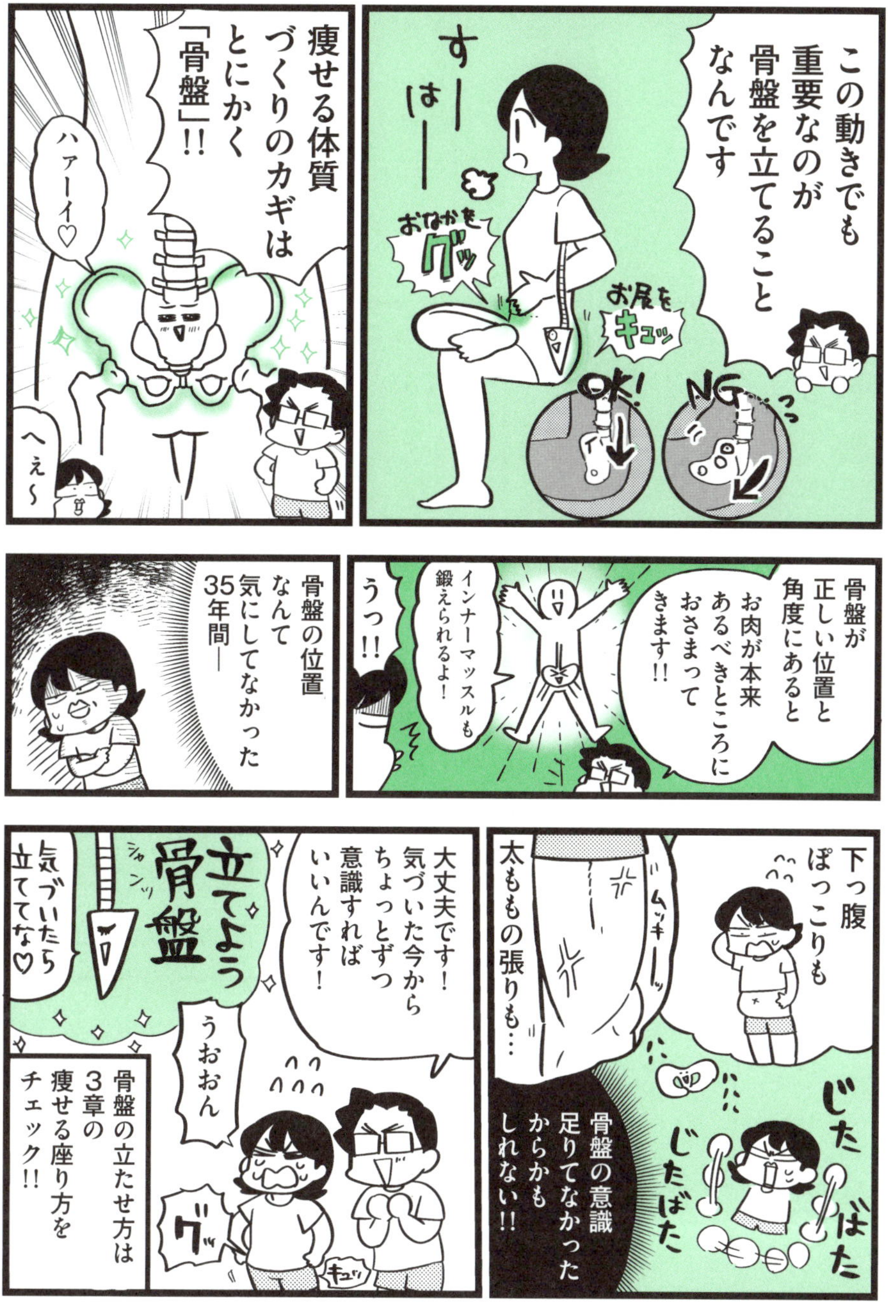
この動きでも重要なのが骨盤を立てることなんです
すーはーー
おなかをグッ
お尻をキュッ
OK!
NG
痩せる体質づくりのカギはとにかく「骨盤」!!
ハァーイ♡
へぇ～
骨盤が正しい位置と角度にあるとお肉が本来あるべきところにおさまってきます!!
インナーマッスルも鍛えられるよ!
うっ!!
骨盤の位置なんて気にしてなかった35年間—
下っ腹ぽっこりも
太ももの張りも…
ムッキーーッ
骨盤の意識足りてなかったからかもしれない!!
じたばた
じたばた
大丈夫です!気づいた今からちょっとずつ意識すればいいんです!
シャンッ
立てよう骨盤
気づいたら立ててな♡
うおおん
グッ
キュッ
骨盤の立たせ方は3章の痩せる座り方をチェック!!

日々の生活の中でお尻をストレッチして骨盤を意識し鍛える!!
すー
はー
ぱかり
動画見よっ
グッ
キュッ
ピッ
キツい運動でなくてもズボラにながらでやればいいんです
あんじゅ先生みたいに長時間座っている人は特にちょこちょこ動いてほしいですっ
今も尻伸ばしながらこのマンガ描いてまーす
ボクは働きすぎな部分あるので…そんな方は脱力も大切です
そして深呼吸
すーはー
脱力脱力〜
がんばりすぎは続きませんから〜
がんばらないゴロゴロしながら座りながらズボラにやる!
ダイエット漫画とは思えないセリフだ…
まずは骨盤を立てることからやってみましょ!
シャキーーン
ハーイ
めざせ桃尻

# 見落とされがちな「お尻」の話

お尻の筋肉というのは日常生活の中であまり使う場面がありません。足を後ろに蹴り上げる動作のときにぎゅっと収縮するのですが、日常でこの動きをするのはサッカーでボールを蹴るときくらいです。

イスに座ってばかり、車移動ばかりという生活ではお尻の筋肉がどんどん衰えてしまいます。

ところでみなさんは、どういうときに「お尻を鍛えよう」と思いますか？ 大きなお尻を引き締めたい、垂れてきたお肉をなんとかしてヒップアップしたいなどを目指しているとき、と答える方が多いのではないでしょうか。しかし、お尻のトレーニングにはそれ以上の効果があるのです。

これまでにパーソナルトレーニングなどを受けたことがある人は、やたらとお尻のトレーニングばかりさせられることに気づいた人もいるかもしれません。実はお尻のトレーニングにはヒップアップ以外の効果も多く、非常にトレーニング効率が良いのです。

まず、基礎代謝の向上。お尻には大臀筋をはじめさまざまな筋肉が集まっており、下半身を構成する大きな筋肉の一つです。筋肉は大きいほど代謝量が大きくなるため、お尻を鍛えることで基礎代謝の向上にも繋がります。

次に、基本的な動作能力の向上です。お尻の筋肉は立つ、座る、歩くなどの基本動作に欠かせないものです。お尻の筋肉をしっかりと鍛えることで、その他の余計な部分に力が入りすぎることもなくなり、疲れにくくなります。

さらに、姿勢改善やウエストの引き締めなど、効果が連鎖することも大きなメリットの一つです。骨盤に付着している筋肉のため、お尻のトレーニングをすることで周辺の筋肉にも良い刺激を与えてくれます。

お尻が直接的な体型の悩みではない、という方もこの機会に改めて「お尻」の可能性を知っていただけるとうれしいです。

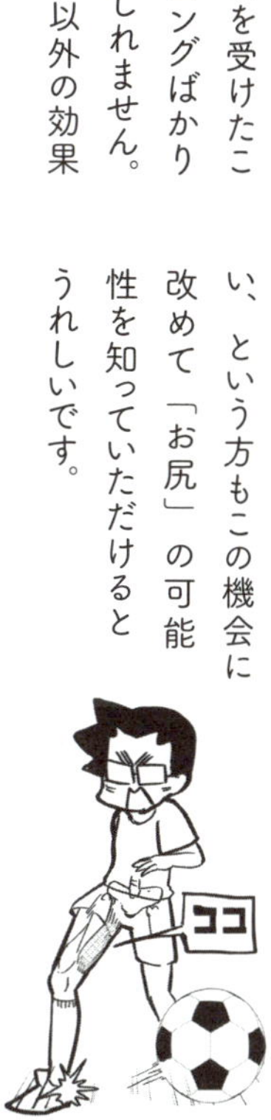

# アシスタント まんまるいちかのデブ活黙示録

レッツデブ活ッ!!!

# 第8章

# 経験者は語る！ズボラストレッチ効果

ZUBORA STRETCH ZUBORA STRETCH

おまたせー
やほっ
やっほ――…
…えっ
めっちゃかわいくなってる――ッ!!
5kgちょい痩せたよ
まじ？あのズボラストレッチ!?
あの簡単なやつでしょ…？
キツい食事制限してんじゃないの？
糖質制限してない？
やってないやってない
食べすぎには注意してるけど
たしかにあのゴロゴロしたままやるストレッチでよく結果出るよな！
体重が
160cm
58kg
→52～53kgへ…!!
とつぜんの実写コーナー！
お写真撮っていただきました♡
前はぜったい下半身出さなかったのに…
そそ！
半ズボンもはけるようになったの！
デートでは履かないけど。
いいやーん！
簡単そうだし私もやろうかな？
いや～痩せたのあんただけじゃね!?
あやし
え－
ほんといいわよーズボラストレッチ!!!

足やせは ひきつづき がんばります!!つく

私なんて ハマっちゃって 5kg痩せたん だから!!
ジャーン
ズボラ ストレッチ歴 4年目 Uさん
誰!?
がんばっている 自覚はない！
フンフン♪
50代でも 知らないうちに 結果が出ている…
ぐっ
それが ズボラストレッチの 謎であり… すごさなんです！
おおお…
ササーーッ
こんにちはー ズボラストレッチストさん つれてきましたーっ！
わー ふかいさんの お友達ですかー
強制
じゃあ あんじゅ先生 今日もやっていき ましょー
ズルズルー
ほぇー
3年間 続くって すごいですよね
いや もー
ズボラストレッチに ハマっちゃって♡
もう私の はずせない ルーティンですっ
ハミガキと いっしょですっ
あんじゅ先生痩せて もうサボってます もんね… モチベあげるために 来てもらいました
ズボラストレッチを 「習慣化」したUさんの ルーティンを 話してもらいましょー
どうぞっ

朝起きて…
おはよーー
お尻を伸ばすストレッチ2種目やります
寝起きに良いー♡
スイッチON!
すーはーー
効く場所
お尻 内転筋
のび
右、左とも30秒
すーー
はーー
深呼吸大切♡
ひざかかえ尻伸ばし
すーはーー
ホッカホッカ
ばっちり伸びるわよー
右、左とも30秒
これは…ベッドで起きた瞬間できるストレッチ…っ
良いっっ
私もお仕事在宅なのーっ
バリバリ
わっそうなんですね
休憩中何してる?
え…アイス食べてゲームしてます…
だらりん
私はズボラストレッチを10分間ずつこま切れでしてるのーっ
10分を5～6回で合計1時間
ズボラストレッチ10分
家事
仕事
なるほどー

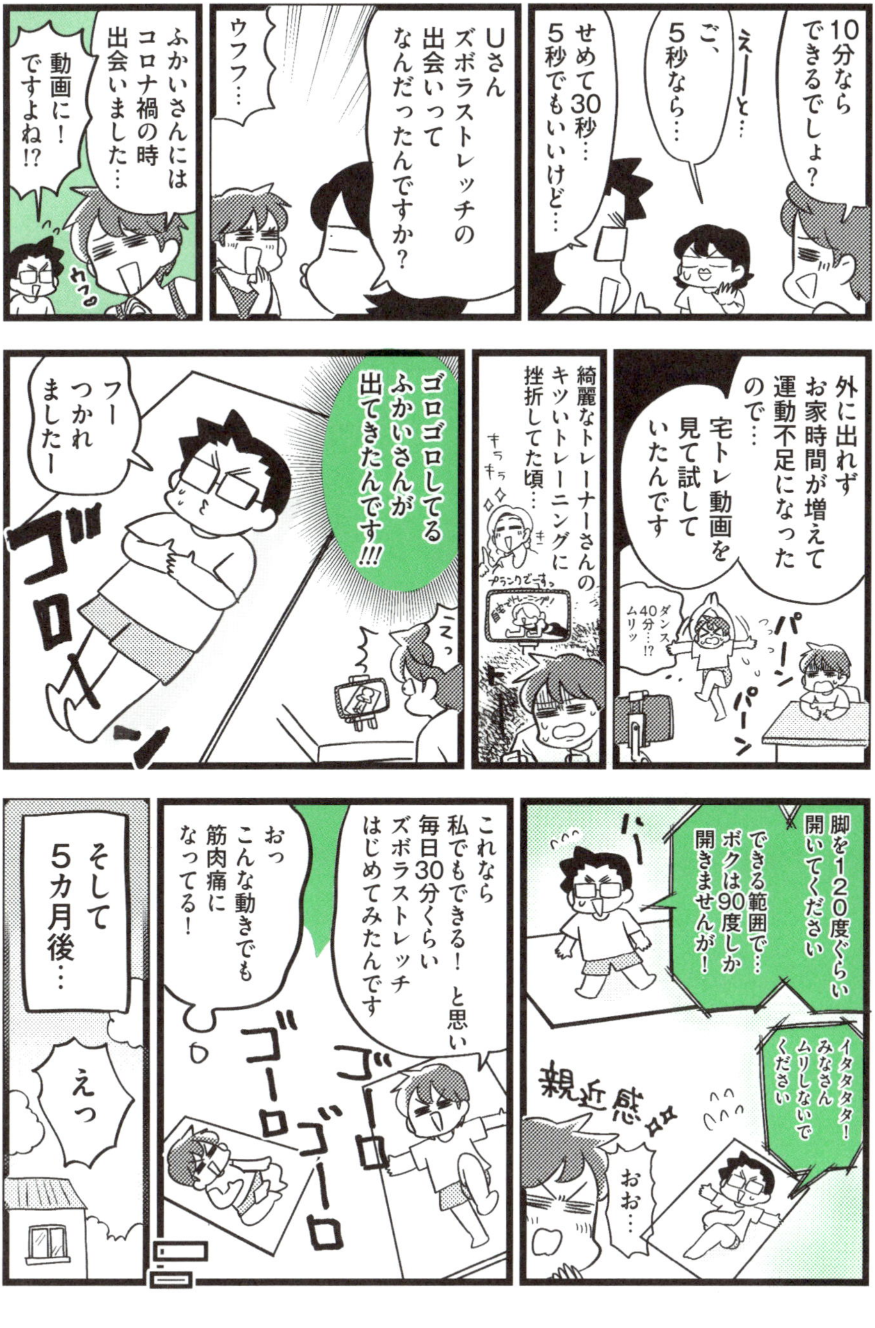

10分ならできるでしょ？
えーと…
ご、5秒なら…
せめて30秒…5秒でもいいけど…
Uさんズボラストレッチの出会いってなんだったんですか？
ウフフ…
ふかいさんにはコロナ禍の時出会いました…
動画に！ですよね!?
ウフッ
外に出れずお家時間が増えて運動不足になったので…
宅トレ動画を見て試していたんです
ダンス40分…!? ムリッ
パーン
パーン
綺麗なトレーナーさんのキツいトレーニングに挫折してた頃…
キラキラ
プランクです
ゴロゴロしてるふかいさんが出てきたんです!!!
えっ
フーつかれましたー
ゴロ
脚を120度ぐらい開いてください
できる範囲で…ボクは90度しか開きませんが！
パー
イタタタ！みなさんムリしないでください
親近感
おお…
これなら私でもできる！と思い毎日30分くらいズボラストレッチはじめてみたんです
おっこんな動きでも筋肉痛になってる！
ゴーロ
ゴーロ
ゴーロ
そして5カ月後…
えっ

Before
After
−5cm
ポヨ〜ン
キュッ
えっ お腹のストレッチ中心にやったんですか?
すごーっ
あ…いえ 私は下半身太りがコンプレックスなので
太もものストレッチ中心にやってたらお腹が痩せたんですっ
えぇー すご〜い!!
筋肉は繋がってますからね!
のび〜
スキマ時間に少しでもいいのでやってほしいです
いつでも どこでも
ハイ 本当それな!です
な〜る〜
50代 Uさん ズボラストレッチによる体型変化
身長は161cmです
5カ月で5kg減!!
娘からは…
母さん脚細くなってる!
えっ
本当!?
太ももは10㎝ダウンしていた
脚細いなんて生まれて初めて言われた…っ
50代でも変われるんだ…

以前は服屋さんの試着室で恥ずかしくて出れなかったのに…っっ
はけない…
どうですかー？
イヤ～
わかる～
秘
とにかく自信がなかったんですが…
1日30秒でもいいから続けることで自己肯定感が爆上がりしましたっ
はあー
Uさんが痩せたズボラストレッチメニュー教えてほしいなあ…
OKですよ
運動経験まったくない50代の私でもできるメニュー紹介しますねっ

## 経験者さんオススメストレッチ①

# 開脚キープ

つま先を真上へ向けると効果的です
①脚を広げいけるところまで開く
すーはー
120度以上
②前に倒れ、30秒キープします
すーはー
ぐぐー
じわーっ
できたら120度以上開く 痛みがない程度に！
昼夜やっても代謝が上がります

経験者さんオススメストレッチ ②

# 太もも揺らし

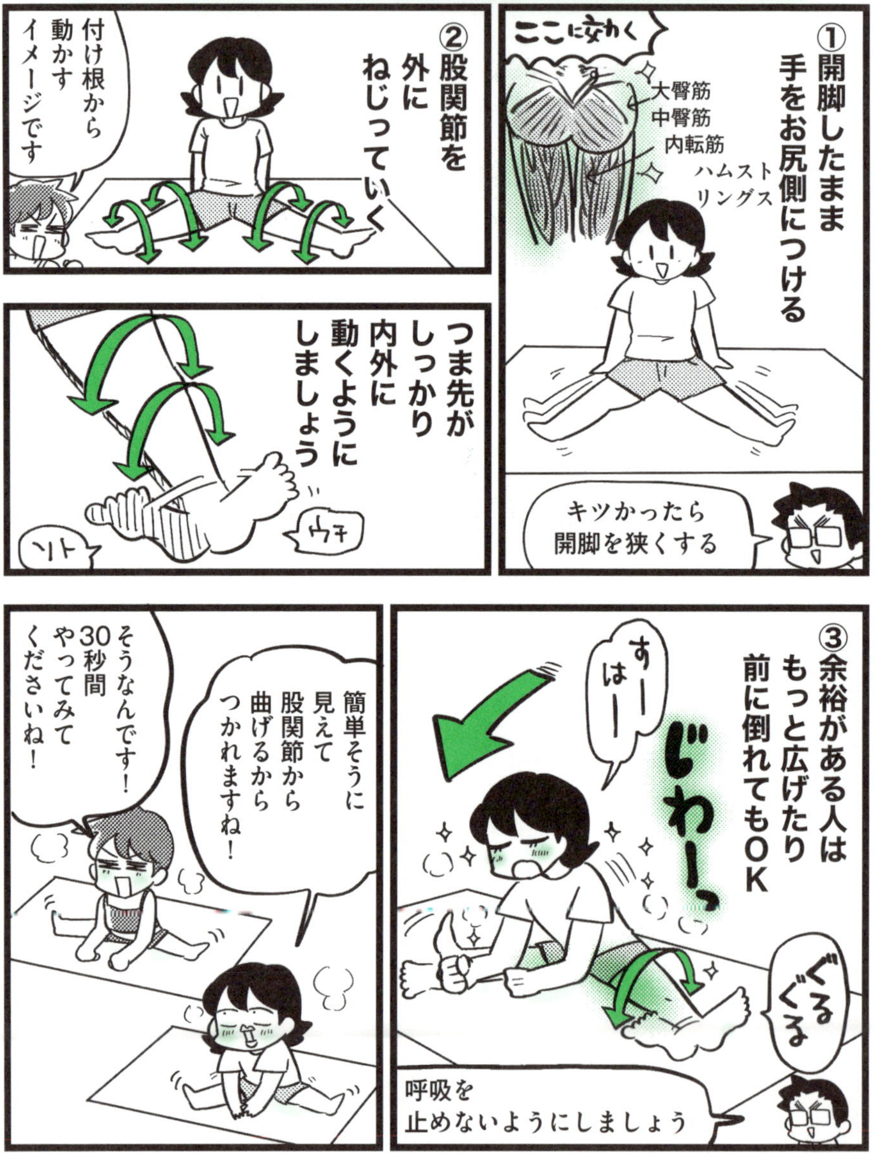

①開脚したまま手をお尻側につける
ここに効く
大臀筋
中臀筋
内転筋
ハムストリングス
キツかったら開脚を狭くする
②股関節を外にねじっていく
付け根から動かすイメージです
つま先がしっかり内外に動くようにしましょう
ウチ
ソト
③余裕がある人はもっと広げたり前に倒れてもOK
すーはー
じわーっ
ぐるぐる
呼吸を止めないようにしましょう
簡単そうに見えて股関節から曲げるからつかれますね!
そうなんです! 30秒間やってみてくださいね!

経験者さんオススメストレッチ ③

# 股関節ねじり

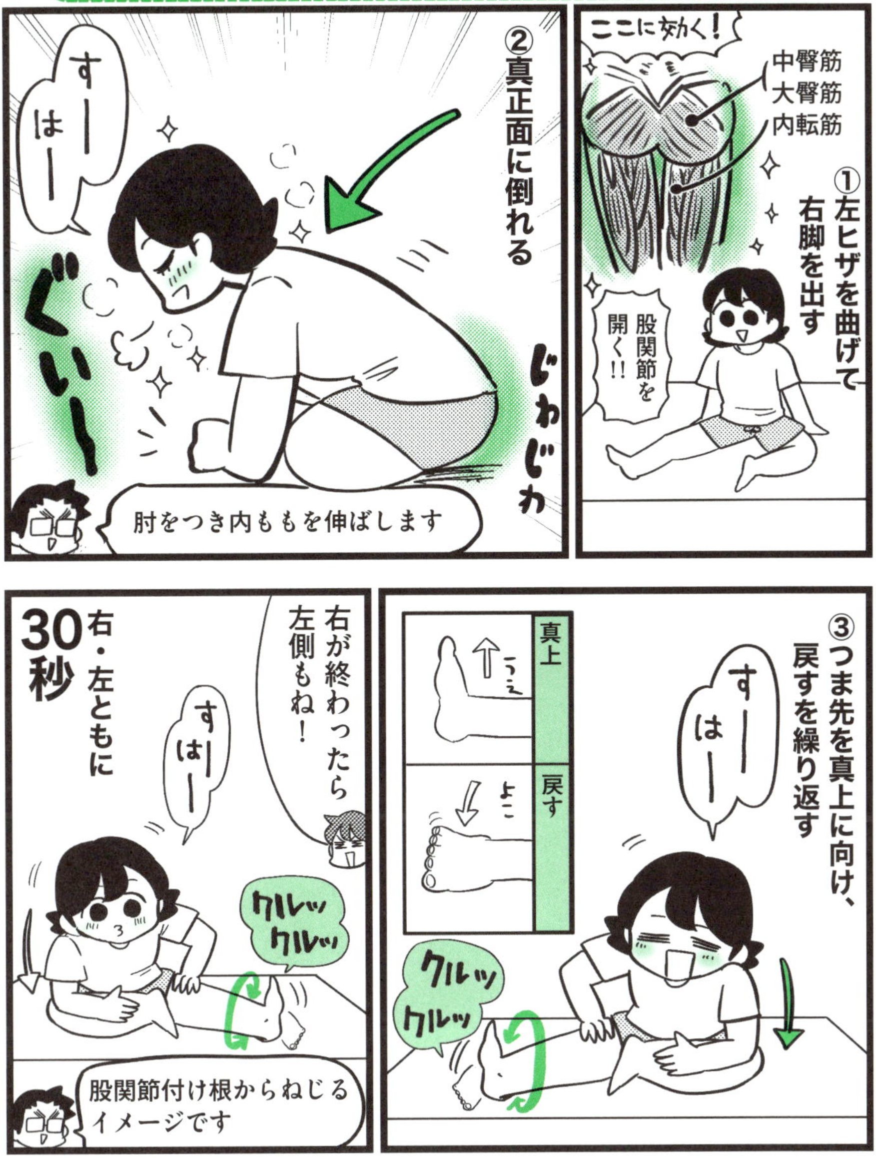
ここに効く！
中臀筋
大臀筋
内転筋
①左ヒザを曲げて右脚を出す
股関節を開く!!
②真正面に倒れる
すー はー
ぐぃ〜
じわじわ
肘をつき内ももを伸ばします
③つま先を真上に向け、戻すを繰り返す
すー はー
真上
うえ
戻す
よこ
クルッ クルッ
30秒
右・左ともに
右が終わったら左側もね！
すー はー
クルッ クルッ
股関節付け根からねじるイメージです

経験者さんオススメストレッチ ④

# 股関節のカエル脚開閉

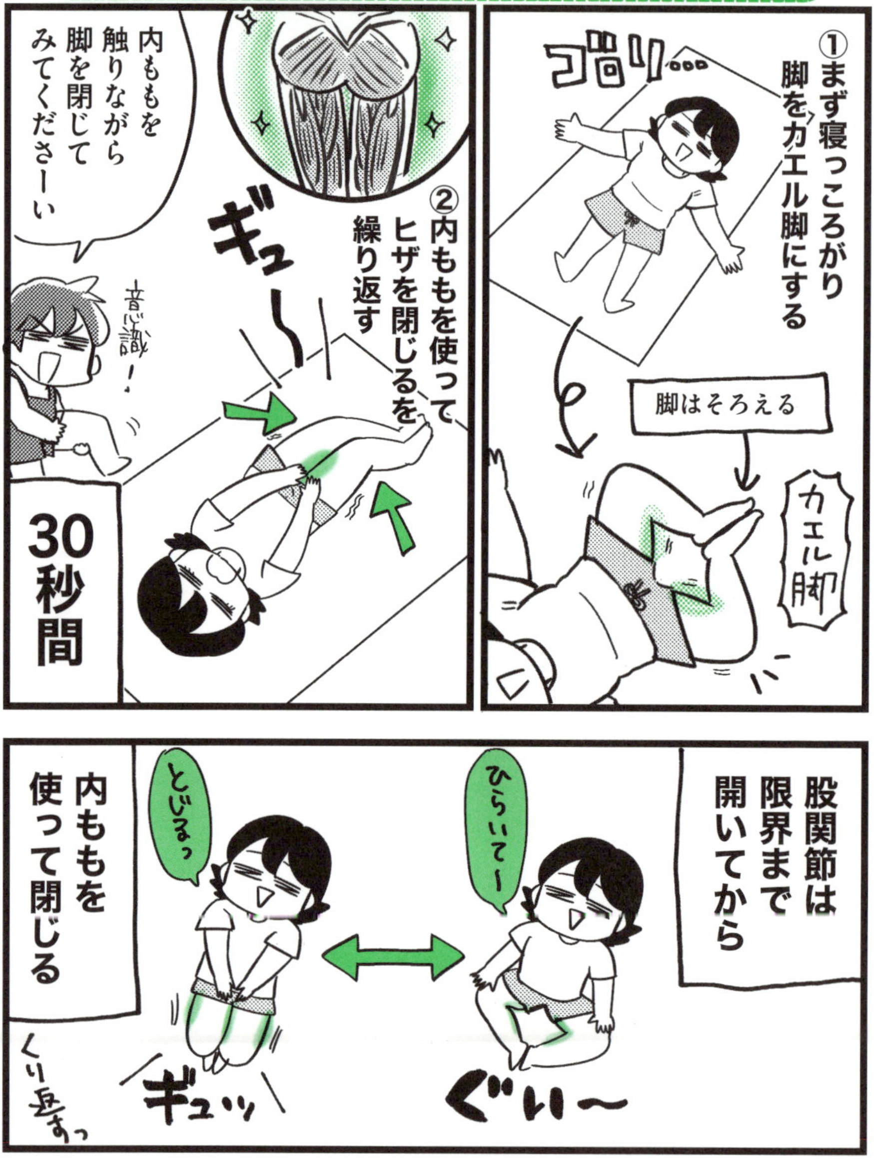
ゴロリ…
①まず寝っころがり脚をカエル脚にする
脚はそろえる
カエル脚
内ももを触りながら脚を閉じてみてくださーい
②内ももを使ってヒザを閉じるを繰り返す
ギュ〜
意識!
30秒間
股関節は限界まで開いてから
ひらいてー
ぐい〜
内ももを使って閉じる
とじるっ
ギュッ
くり返すっ

経験者さんオススメストレッチ ⑤

# ヒザ立て脚パカ

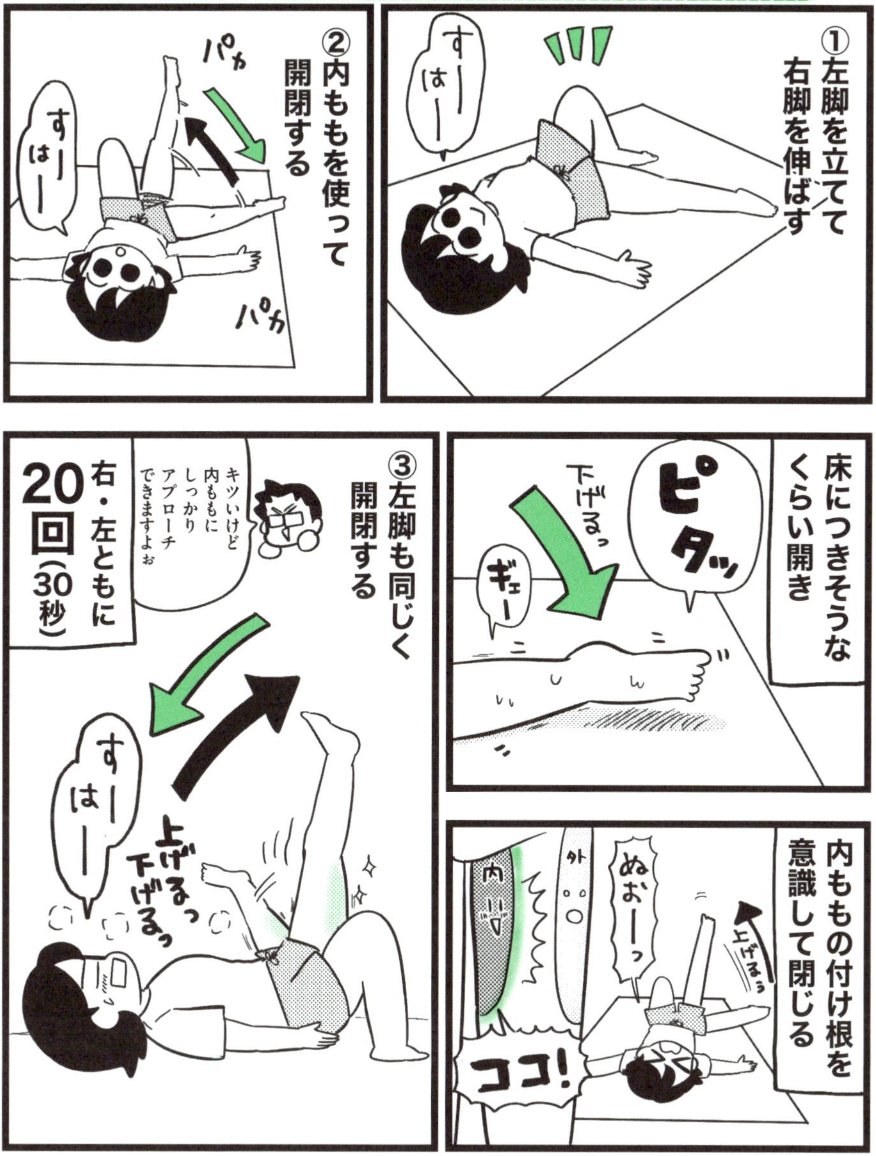
①左脚を立てて右脚を伸ばす
すーはーー
②内ももを使って開閉する
パカ
すーはーー
パカ
床につきそうなくらい開き
ピタッ
下げるっ
ギュー
内ももの付け根を意識して閉じる
ぬおーーっ
外
内
ココ!
上げるっ
③左脚も同じく開閉する
キツいけど内ももにしっかりアプローチできますよぉ
右・左ともに20回(30秒)
すーはーー
上げるっ
下げるっ
下げるっ

経験者さんオススメストレッチ ⑥

# 股関節のカエル脚開閉スーパー

①かかとを身体のほうに引く
ヨッ
お尻のほうに寄せる
②前回のカエル脚の時よりも股関節を開く
すーはー
内転筋
ギュッ
ギュッ
開く!
パカッ
③かかとがお尻についた状態で股関節を開閉
内ももの筋肉を使うことを意識し続けてください
20回
開く閉じるくり返すだけなのにキツイ!
開く
閉じる
開く
閉じる
ヒザを曲げる角度の分キツい!
このトレーニングがキツい方へ…
ギュッ
ギュッ
普段座る時など内ももも使ってあげましょ〜!

ズボラストレッチ
ベテラン厳選
メニュー良い!!
良かった〜！
あっ
ありがとうございます〜
実は3年7カ月で内臓脂肪が半分になったんですっ
2019年 54.93㎠
2023年 25.22㎠
なぬ〜!?
ズボラストレッチってただズボラなだけじゃなくてストレッチの組み合わせが計算されてるんだなと実感しました…っ
ばーん
そうなんですよ〜
へえ…
ふかいさんがラクしたいだけだと思ってました
もーちゃんと考えてやってるんですよ
いちおうトレーナーですよ
50代の私でも毎日少しずつやればこんなに健康的に細くなるんだから…
20代・30代・40代はもっと早く効果が出るはずなんです…ッ
ぱああああ
Mon
Tue
Wed
Thu
健康診断の結果も良くなるので痩せてもやめず続けてくださいねっ
やろう！
脚1本でも
1回でもあげるっ
ピッ
ファイト〜

ふー
休憩～
果報は寝て待て

### トレーナー深井'sコラム⑧

## 創始者よりも結果を出す、視聴者さんたち

60代男性のズボラストレッチ 視聴者のNさんは、もともと長く小学生向けのサッカーコーチをしていましたが、コロナの流行とともにサッカー団の活動は停止。いつのまにか日課だった散歩もやめ、自宅で食べて飲むばかりの日々で、気づけば体重はコロナ前から6〜7kgも増。慌てて対策をダイエット法を探す中で「ズボラストレッチ」と出会いました。

Nさんは長年の運動経験があるからこそ、はじめは「ストレッチなんかで痩せるはずがない」という固定概念を持っていたと言います。

それでもなぜ、「ズボラストレッチ」に挑戦してくれたのかを尋ねてみたところ、「ズボラストレッチならサボってもよさそう」「カエル足を見て、上体を起こすより下半身を上げるほうがラクそう」だと思ったからだそうです（笑）。いや、それでいいんです！ それこそが僕の狙いでもあります！

Nさんの日課は、カエル足の動画と代謝を上げるモーニングルーティンストレッチ。お気に入りの動画を毎日実践されています。はじめて2週間ほど経ったころ、奥さんに「お尻が小さくなったんじゃない？」と言われ効果を実感したそうです。その言葉をきっかけにさらにモチベーションを高め、X（旧Twitter）で、「#ズボラストレッチ」のハッシュタグをつけて毎日、実施報告をしてくれました。今ではすっかりコロナ前の体重に戻り、ズボンのベルトの穴の位置も変わったと喜んでいました。

60代にもなると、身体の筋肉は急激に衰えていきます。トレーニングをしている人で現状維持が精いっぱい。何もしなければ悪化の一途です。Nさんのように以前の体型に戻すというほどの変化を起こすことはとてもすごいことなのです。

https://www.youtube.com/watch?v=WlRtlaaCb1U

https://www.youtube.com/watch?v=6ECEFoqfxEw

あんじゅ先生の**ズボラ**なつぶやき⑧

あとがき
マンガ家
あんじゅ先生
このたびは本を手に取り最後まで見ていただきましてありがとうございます!
ズサー
ズボラストレッチ ふかいさんのご指導の元 ダイエット挑戦させていただきましたっ
ストレッチはぶっちゃけラクなんですが
これでええの?
マジで?
原稿を描くのが大変すぎました(笑)
血管と神経が通っているところに、筋肉が覆っているので
股関あたりをクローズUP!
鼠蹊リンパ節
骨盤
凝り固まった筋肉が伸び縮みすると自然と姿勢良くなり代謝も上がります
うおおおっ
僧帽筋
菱形筋
肩甲骨
大胸筋
グイ
グン
30秒
右・左
ぐいーん
上腕二頭筋が伸びるっ
むずすぎる。
漫画描いてると腰痛になりましたが
あまりにも筋肉を描きすぎて
「腸腰筋」が縮みすぎているんだな
ハッ
と、原因がわかるようになりました
ここ→
ふかいさん 編集松田さん 素敵な機会をありがとうございました!
この本にかかわってくれたみなみな様
ふかぶか
本当にありがとうございますっ
漫画原稿制作のため手伝ってくれたみなさんにもあとがき描いてもらいました
それではどーぞ!

お手伝いいただきましたアシスタント・ゲストページ

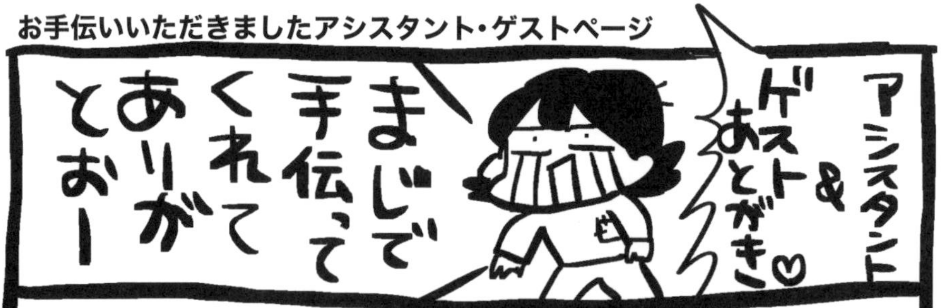
アシスタント&ゲストあとがき♡
まじで手伝ってくれてありがとおー

先生にならうまでもなく、僕も一人の
ズボラな人間です。無理に運動してみても
三日坊主。ストレッチだけならいい
気分転換になるなぁと思うし、
なんだか頭もスッキリして仕事も
捗るなぁと、そんな気がしています。
皆様も良きストレッチライフを。

フー…

プロローグ～2話
アシスタント

ありがと—

G!on

得意なストレッチは床の汚れを
取る、雑巾ストレッチです…
いやそれはストレッチなのか
あやしいけど、それぐらいしか
運動できていません…
ズボラストレッチがんばろ

ふき
ふき

全話 文字打ち

ありがと—

はかせ

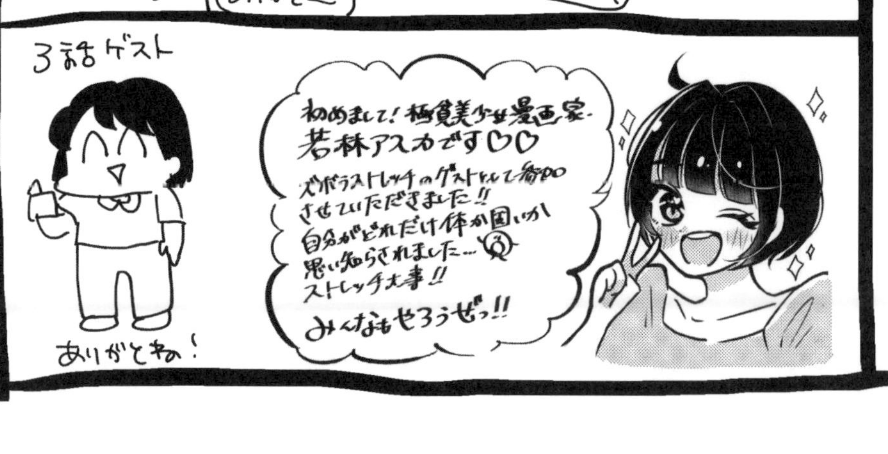
3話ゲスト
ありがとね!
初めまして! 極貧美少女漫画家
若林アスカです♡♡
ズボラストレッチのゲストとして参加
させていただきました!!
自分がどれだけ体が固いか
思い知らされました…
ストレッチ大事!!
みんなもやろうぜっ!!

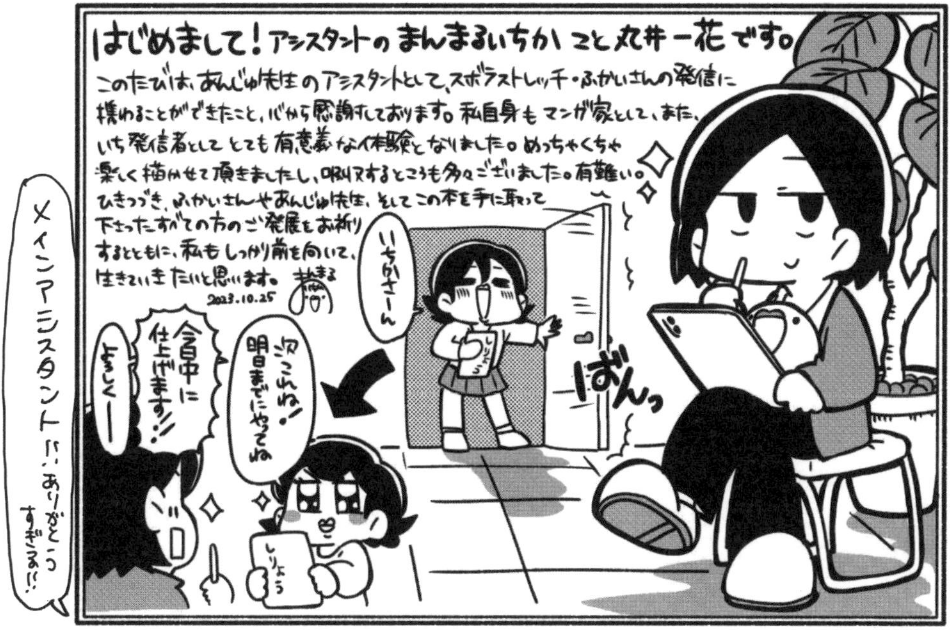
はじめまして！アシスタントのまんまるいちか こと 丸井一花です。
このたびは、あんじゅ先生のアシスタントとして、ズボラストレッチ・ふかいさんの発信に携わることができたこと、心から感謝しております。私自身もマンガ家として、また、いち発信者としてとても有意義な体験となりました。めっちゃくちゃ楽しく描かせて頂きましたし、吸収するところも多々ございました。有難い。
ひきつづき、ふかいさんやあんじゅ先生、そしてこの本を手に取って下さったすべての方のご発展をお祈りするとともに、私もしっかり前を向いて、生きていきたいと思います。
まんまる
2023.10.25
いちかさーん
ばんっ
次これね！明日までにやってね
今日中に仕上げます!!
よろしくー
メインアシスタント!! ありがとうすぎる!!

あとがき

ここまで読んでくださってありがとうございます
あんじゅ先生とはゲーム友だちで毎日のように電話してあそんでいますが、2人の日常の一部がこのようなステキで分かりやすい本として出版していただけることに感謝でいっぱいです。
ありがとうございます♡
みなさまもこの本を通して存在優勝！
していきましょう！♡
以上 ぷみでした。

ミスドも好きですが
一蘭も好きです。
ぱくぱく
もぐもぐ
ありがとー
ゲーム友人
5章ゲスト ぷーみー
インスタ
@98.moon_20

& YOU!
フォロワーさん、読者のみなさん
本当にありがとうございますっっ!!
よきズボラストレッチライフを！
若林杏樹
心の友さん！ありがとーっ!!
じー
たのしそう…♡
心の友人

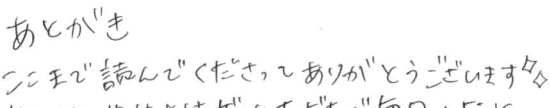

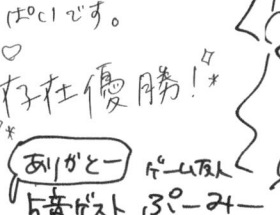

# あとがき

「もう本なんて出さなくて良いか」と何度も思って諦めかけた僕がやっと出版できました。
僕の初著書をご覧いただき本当にありがとうございます！
実は僕が本を出すと言い始めてから既に3年が経過しました。
自信がない、忙しい等の理由をつけてずっと後回しにしていたのです。
そう、何を隠そう読者のみなさんよりも僕ははるかにズボラです。
やろうと思ったことも、すぐに「明日にしよう」としてしまいます。
めんどくさくなると、すぐ「また今度でいっか」となります。
それでも1冊の本を完成させるために諦めず、会議を続け、内容を作り続けました。
出版社マガジンハウスさん、さらにはベストセラー作家で漫画家である、あんじゅ先生に協力していただき完成しました。

最後に読者のみなさんに伝えたいことは、
「別にズボラなままでも良い。自分のペースで無理なく継続できる範囲で良い」ということです。
めんどくさかったらサボって良いんです。
しんどかったら、たくさん寝て、また明日で良いんです。
それでもやめなければ最終的に必ず結果は出ます。
だから僕はいつも言ってますよね？

「週に1回でも習慣化」です。

三日坊主なんです、という相談をいつもコメントやＤＭでいただきますが、
３日連続でできてる時点で全然ズボラじゃないです！
本当に凄いことです。

週に1回10分でも、年間52回で５２０分（８時間40分）、
10年続けたら５２０回で５，２００分（３日と12時間40分）という凄まじい数字になります。
これなら継続できそう。これなら成果でそう！って思いませんか？
僕はいつでもズボラー視聴者のみなさんの味方です。

今後もＹｏｕＴｕｂｅだけでなくインスタ、Ｔｗｉｔｔｅｒの更新も継続して
みなさんの目に「ズボラストレッチ」が入り続けるようにがんばります。
がんばるきっかけがほしい！という方は僕が作った1週間メニューを無料でプレゼントします。
左上のＱＲコードを読み取っていただき、ＬＩＮＥ友達追加していただくと受け取れます！
（毎日やらなくても大丈夫です。できるときに自分のペースでやりましょう）
ずっと応援してます！

一緒にがんばりましょう。

深井裕樹

**若林杏樹(あんじゅ先生)**

漫画家、ニックネームは「あんじゅ先生」。 新卒から5年間勤めた大学職員を退職して漫画家へ。 難解なことを面白く、わかりやすく漫画にすることを得意とする。体型は下半身にコンプレックスを持ち、ダイエットは少し痩せてリバウンドを繰り返す。年齢を重ねるごとに気になる箇所が増えていく日々。今回の連載でダイエット人生にピリオドを打つ!

**深井裕樹**

YouTube「ズボラストレッチ」登録者145万人。「週に1回でも習慣化」を合い言葉に、カンタンで誰でも続けられるストレッチを紹介し、爆発的な支持を得る。業界最大手ストレッチ専門店9年勤務、月間個人売上1位を複数回記録。日本テレビ「ヒルナンデス!」テレビ東京「ワールドビジネスサテライト」出演。女性誌LDK毎月連載中。経営者としてSNSマーケティング事業、広報PR事業も行っている。

**めんどくさがり屋さん専用!**
**寝ながら1回30秒で痩せる ズボラストレッチ**

2024年2月8日 第1刷発行

著者 若林杏樹 深井裕樹
発行者 鉄尾周一
発行所 株式会社マガジンハウス
〒104-8003 東京都中央区銀座3-13-10
書籍編集部 ☎ 03-3545-7030
受注センター ☎ 049-275-1811

印刷・製本 株式会社千代田プリントメディア
ライティング 但馬薫
写真 芝崎テツジ
ブックデザイン 荻原佐織


ISBN978-4-8387-3259-3 C0077